*Edith Ostermayer*

# *Emotionalität & soziale Beziehungen*

Cornelsen
SCRIPTOR

**Die Reihe „Bildungsjournale Frühe Kindheit" im Überblick:**

**Bewegung, Körpererfahrung & Gesundheit**
978-3-589-24583-3
**Emotionalität & soziale Beziehungen**
978-3-589-24645-8
**Ethik, Religion & Philosophie**
978-3-589-24587-1
**Kreativität & Spielen**
978-3-589-24584-0
**Kunst & Ästhetik**
978-3-589-24581-9
**Mathematik, Naturwissenschaften & Technik**
978-3-589-24585-7
**Musik & Rhythmik**
978-3-589-24582-6
**Natur & Umwelt**
978-3-589-24586-4
**Sprache & Literacy**
978-3-589-24580-2

**Ihre Wünsche, Kritiken und Fragen richten Sie bitte an:**
Marketing, 14328 Berlin, Cornelsen Service Center, Servicetelefon 030/897858929

Die in diesem Werk angegebenen Internetadressen haben wir überprüft (Redaktionsschluss 31.3.2009). Dennoch können wir nicht ausschließen, dass unter einer solchen Adresse inzwischen ein ganz anderer Inhalt angeboten wird.

ISBN 978-3-589-24645-8


1. Auflage 2009

09 10 11 12 13 5 4 3 2 1



Reihenkonzept & Redaktion: lüra – Klemt & Mues GbR, Wuppertal
Herstellung: Renate Hausdorf, München
Graphische Konzeption & Gestaltung: Claudia Adam Graphik-Design, Darmstadt
Illustrationen: Miryam Specht, Schwalbach a.T.
Satz: Mitterweger & Partner, Plankstadt
Druck & Bindung: Firmengruppe APPL, aprinta druck, Wemding

Printed in Germany

Weitere Informationen finden Sie im Internet unter **www.cornelsen.de/fruehe-kindheit**

# Editorial

Die Fähigkeit zum Aufbau sozialer Beziehungen und zur Steuerung von Gefühlen ist, so sehen es nahezu alle Bildungspläne der Bundesländer vor, ein fundamentaler Bereich kindlicher Bildung. Kinder müssen frühzeitig gute Chancen bekommen, diese Kompetenz auszubilden. Gelingt dies nicht, drohen Entwicklungsdefizite, die später nur selten oder schwer ausgeglichen werden können. Was Kinder zur Ausbildung emotionaler und sozialer Kompetenzen an erster Stelle benötigen, sind sichere und verlässliche soziale Beziehungen. Fühlen sie sich geborgen, lernen Kinder gern und mit großer Wissbegier. Im Prozess der Bildung fügen sich einzelne Erfahrungen und Erkenntnisse zu einem Verständnis der Welt zusammen. Auf diesem Weg brauchen Kinder der Begleitung durch kompetente Erwachsene.

Soll Bildung gelingen, muss sie ganzheitlich angelegt sei. Dies gilt auch und besonders für die emotionale Bildung. Ein idealer Rahmen für ganzheitliche Bildungserfahrungen ist das Lernen in Projekten. Sie in den Alltag der Einrichtungen zu integrieren, kostet nicht unbedingt viel zusätzliche Mühe.

Zahlreiche Projektbeispiele zum emotionalen und sozialen Lernen mit Kindern zwischen einem und zehn Jahren geben Anregungen zu einer strukturierten und gut dokumentierbaren Herangehensweise an die Projektmethode: Auch Skeptiker werden schnell akzeptieren, dass Projekte Teil eines gelebten Situationsansatzes sind. Vorgestellt werden

- Projekte, die sich aus Standardsituationen entwickelt haben oder die gezielt daraus entwickelt wurden,
- Projekte für Kinder unter drei Jahren,
- Projekte mit Medieneinsatz und
- Projekte zu interkulturellen Aspekten sowie
- Projekte, die sich mit der Geschlechtsrolle beschäftigen und
- Projekte, die zu einem gelingenden Übergang in die Schule beitragen.

Mit dem richtigen Ansatz gelingt es gut, Kinderinteressen im Alltag so aufzugreifen, dass sie zielgerichtet in einen Lernprozess münden, der demokratisch weiterentwickelt, dokumentiert und reflektiert werden kann. Die hier vorgestellten Projekte zeigen dies anschaulich.

Die fachtheoretische Einführung geht der Frage nach, unter welchen Voraussetzungen Kinder lernen können, mit ihren eigenen und den Gefühlen anderer umzugehen, aber auch, wie Erwachsene sie darin unterstützen können. Psychologisches Hintergrundwissen erleichtert den elementarpädagogischen Alltag: Welche Faktoren fördern kindliches Wohlbefinden in Kindertageseinrichtungen, was macht Kinder stark?

Die frühen Kompetenzen, über die Kinder von Geburt an verfügen, zu erkennen und je nach individuellen Entwicklungsvoraussetzungen des Kindes angemessen zu unterstützen und zu fördern ist eine hohe Anforderung an die Fachkräfte in der Praxis.

Neue Wege profitieren oft von ein wenig Anregung und Begleitung. In diesem Sinne würden wir uns freuen, Sie ein kleines Stück des Weges begleiten zu dürfen.

Edith Ostermayer
www.edith-ostermayer.de

# Inhalt

Der Bildungsbereich

... in der Praxis

Service

# Ein wichtiges Thema neu betrachten: emotionale und soziale Entwicklung

## Bildung braucht ein emotionales Fundament

Text: Edith Ostermayer | Fotos: Anja Doehring

**Während Lernen und Wissen bisher rein kognitiv betrachtet und verstanden wurden, erweiterten die Diskussionen um Bildungsstandards das Verständnis dessen, was ein Kind lernt und zum Lernen braucht. Es wurden neue Horizonte für Ziele, Inhalte und den Rahmen kindlichen Lernens eröffnet. Auch seine Gefühle muss ein Mensch „lernen" wahrzunehmen und angemessen einzuordnen. „Wissen" kann man durchaus auch, wie Menschen im gegenseitigen Verständnis miteinander umgehen können – zum Wohle aller.**

Kindergarten und Krippe sind überaus wichtige Orte, an denen emotionale und soziale Fähigkeiten wachsen und gefördert werden können. Diese ersten Institutionen der Bildung bieten beste Voraussetzungen, eine solche wertvolle Basis zu schaffen. Denn hier kann ein angemessener Umgang mit den eigenen Gefühlen als eine wichtige Grundlage für Kommunikation und für die Gestaltung von Gemeinschaft und Beziehungen erlernt werden.

Emotionale sowie auch soziale Bildung gelten als eine vielschichtige Herausforderung für die Entwicklung vom Säuglings- bis zum Schulalter. Beide haben ihren festen Platz in der Elementarpädagogik, darauf weisen auch die renommierten amerikanischen Kinderpsychiater Brazelton und Greenspan hin: „Die emotionale Atmosphäre und die subtilen Interaktionen in Beziehungen prägen, wer wir sind und was wir lernen. Beziehungen ermöglichen es dem Kind, das Denken zu lernen." (Brazelton/Greenspan 2002)

Die beiden Bildungsbereiche „Emotionalität" und „soziale Beziehungen" schaffen demnach die Voraussetzungen dafür, dass der kognitive Bildungsprozess, also die Entwicklung des kindlichen Weltwissens gelingt. Wir haben heute vielschichtige Erkenntnisse darüber, was zum Erfolg dieser Vorgänge beiträgt und welche Bedingungen förderlich sind. Die Fachwissenschaft nimmt heute an, dass soziale und emotionale Interaktionen den geistigen Entwicklungsschritten vorausgehen. Sie haben vor allen Dingen eine besondere Bedeutung für das emotionale Wohlbefinden des Kindes und bilden die Grundlage für seine Lern- und Leistungsmotivation.

Kinder benötigen soziale Interaktionen, um Gefühle ausbilden zu können.

Lernpsychologen weisen immer wieder darauf hin, dass leistungsschwache Kinder oft eine bestimmte Persönlichkeitsstruktur vorweisen. Es mangelt ihnen nicht selten an Autonomie und Selbstbewusstsein. Nicht selten zeigen Kinder mit Lernschwierigkeiten Auffälligkeiten im Sozialverhalten, die auch auf Selbstwertprobleme zurückzuführen sind. Wie Kinder lernen, mit welcher Zuversicht sie ihre Schullaufbahn absolvieren, ihr gesamter Erfolg oder Misserfolg im Bildungssystem hängt wesentlich auch davon ab, wie ihre emotionalen und sozialen Fähigkeiten ausgebildet sind.

*Um sich der Lebensrealität unter vielfältigen Bedingungen stellen zu können, benötigen Kinder wichtige Schlüsselkompetenzen. Die emotionale und soziale Kompetenz sind mit die wichtigsten.*

Man kann also mit Fug und Recht davon ausgehen, dass emotionale Bildung in vielfältiger Hinsicht auch eine Präventionsmaßnahme ist. Sie kann in verschiedener Hinsicht als eine Art Schutzfaktor, als stabilisierendes Moment der Persönlichkeitsentwicklung verstanden werden.

Kinder müssen lernen, ihre Gefühle ernst zu nehmen, sie aber nicht über alles andere zu stellen.

## Was ist emotionale, was soziale Kompetenz?

Die Entwicklung der eigenen Emotionalität, des inneren Gefühlserlebens ist sehr stark mit dem sozialen Erleben verknüpft. Kinder müssen ihre eigenen Gefühle kennen, aber auch die der anderen verstehen und einordnen können, um mit sich selbst und ihren Mitmenschen angemessen zurechtkommen zu können. Ohne dieses Wissen und Verständnis kann zwischenmenschliche Kommunikation nicht wirksam und erfolgreich verlaufen.

### Gefühle kann man „lernen"

Eigene Gefühle wahrnehmen, unterscheiden und benennen zu können, ist Teil der emotionalen Kompetenz. Das setzt jedoch voraus, dass ein Kind Wünsche entwickeln und Gefühle und Bedürfnisse ausleben kann. Dazu braucht es – und dies trifft insbesondere auf jüngere Kinder zu – die Hilfe und Unterstützung von Erwachsenen, die die Signale des Kindes aufmerksam annehmen. Sie müssen die kindliche Mimik und Gestik sowie das Verhalten eines Kindes feinfühlig wahrnehmen, es beobachten und ihm helfen, seine Gemütsverfassung zu benennen.

Wer seine Gefühle in Worte fassen kann, ist sich seiner emotionalen Verfassung bewusst. Die Herausforderung für den Erwachsenen ist hier, dem Kind seine Gefühle zuzugestehen und ihm zu helfen, sie zu erkennen und zu definieren. Darüber hinaus muss er dem Kind möglicherweise Hilfestellungen geben, wie es mit schwierigen Gefühlslagen umgehen kann, um wieder in ein seelisches und körperliches Gleichgewicht zu gelangen.

> *Emotionale Kompetenz heißt: Gefühle in Worte fassen zu können.*

Kinder, die ihre Gefühle und Bedürfnisse kennen, können besser mit anderen Kindern und Erwachsenen kommunizieren oder verhandeln und sich in Konflikten eher behaupten. Deshalb muss jedes Kind die Kompetenz erwerben, sich selbst mimisch, gestisch und schließlich auch verbal über Gefühle zu verständigen.

Nur wenn ein Kind um die eigenen Emotionen weiß, kann es ein Verständnis für die Gefühlszustände anderer entwickeln. Es kann soziale Signale und Hinweise „lesen“ und die Empfindungen anderer richtig interpretieren. Vorausgesetzt ist allerdings das Wissen, dass auch andere Menschen über eigene Gedanken, Absichten, Wünsche und innere Befindlichkeiten verfügen. Darauf aufbauend kann ein Kind die Fähigkeit zum Verständnis anderer Perspektiven entwickeln sowie Einfühlungsvermögen ausbilden.

## Gefühle und Beziehungen „zur Sprache bringen“

Wie wichtig der Zusammenhang von Gefühlen und Sprache ist, erschließt sich schnell. Je mehr Worte einem Kind für seine Empfindungen zur Verfügung stehen, umso differenzierter kann es von sich oder anderen berichten. War jemand mutig, stolz, aufgeregt, glücklich, traurig, verzweifelt, oder hat er oder sie gar noch ganz andere Gefühle gezeigt?

Die Häufigkeit, mit der in der näheren Umgebung des Kindes (z. B. in der Familie, im Kindergarten) über Gefühle gesprochen wird, hat Einfluss auf sein Einfühlungsvermögen und die Fähigkeit, sich in die Perspektive anderer zu versetzen, aber auch auf seine soziale und moralische Entwicklung.

Die Entwicklung sozialer und emotionaler Kompetenzen ist also in hohem Maß vom kulturellen und familiären Umfeld eines Kindes geprägt. Die Familie des Kindes hat also eine besondere Bedeutung. In ihr wird der Grundstein für das gelegt, was ein Kind über Gefühle lernt, wie es über diese spricht und auch dafür, wie es mit belastenden Situationen umgeht.

## Gefühle muss man respektieren – eigene und fremde

Kinder sollten im Laufe ihrer sozial-emotionalen Entwicklung lernen, dass die Gefühlswelt etwas sehr Persönliches ist. Die Gefühle eines anderen müssen wir akzeptieren, auch wenn wir sie nicht immer nachvollziehen können.

> *Was du nicht willst, das man dir tu, das füg auch keinem andern zu.* Sprichwort

Kinder sollten vermittelt bekommen, dass jede Empfindung ihre Bedeutung, Berechtigung und ihren Grund hat. Auch ein unschönes Gefühl ist ernst zu nehmen. Deshalb sollten Kinder nicht die Erfahrung machen, dass sie bestimmte Emotionen nicht haben dürfen. Sie müssen jedoch sehr wohl erfahren, auf welche Weise sie sie zeigen oder ausleben können. Sie müssen erleben, dass sie ihren Gefühlen nicht ausgeliefert sind, sondern dass sie ihr Gefühlserleben mitgestalten können.

Manchmal gilt es einfach, Gefühle aushalten zu können, sie nicht zu verdrängen oder zu verleugnen. Auch Frustrationstoleranz muss man aufbauen, teils auch hart erarbeiten. Kinder benötigen dabei die Unterstützung durch Erwachsene, die ihnen helfen, belastende oder unangenehme Empfindungen zu bewältigen.

Erwachsene geben Rückhalt und Sicherheit: Kommen Kinder mit sich selbst zurecht, können sie sozial kompetenter handeln.

Problemlösungen erfordern soziale Umsicht: Die Gruppe Gleichaltriger bildet den Rückhalt und den Rahmen dazu.

In der Welt der Gefühle gibt es kein „gut" und kein „schlecht". Es gibt höchstens ein Verhalten, das der Situation angemessen oder unangemessen ist. Erwachsene sollten deshalb Respekt gegenüber den Gefühlen des Kindes zeigen und seine Empfindungen oder gar seine Person nicht infrage stellen.

## Psychologisches Hintergrundwissen

Um zu verstehen, wie es gelingen kann, emotionale und soziale Kompetenz zu vermitteln und zu stärken, muss man den Rahmen kennen, innerhalb dessen ein Kind entwicklungspsychologisch dazu überhaupt fähig ist. Ein kurzer Ausblick in die Theorie hilft bei der Einordnung:

Menschen brauchen, um sich überhaupt entwickeln zu können, den Austausch mit anderen Menschen, also Kommunikation. Das Kind sucht diese vom ersten Moment seines Lebens an, in unterschiedlicher Intensität und in verschiedenartiger Ausprägung. Wie die Menschen in seiner zunächst engsten,

Ist dieses Lernen von Erfolg gekrönt, sind die damit verbundenen Erfahrungen überwiegend positiv, entwickelt das Kind die Fähigkeit zur Selbstregulation. Es hat gelernt, dass das eigene, subjektive Erleben von Gefühlen steuerbar ist. Außerdem kann es seine Gefühle gegenüber anderen Menschen ausdrücken.

## Selbstwirksamkeit erfahren

Kinder erfahren Tag für Tag, dass der Charakter zwischenmenschlicher Beziehungen davon bestimmt wird, auf welche Art und Weise Gefühle untereinander kommuniziert werden. Wichtig ist, wie man miteinander umgeht und ob in der Interaktion emotional angemessen agiert und reagiert wird. Sieht das Kind hier, dass es Einfluss nehmen kann, erlebt es Selbstwirksamkeit.

Die Kindertageseinrichtungen bieten hervorragende Chancen, um in einer Gruppe von Gleichaltrigen immer wieder entsprechende Erfahrungen zu machen und günstige Kompetenzen auszubilden. Die gruppendynamischen Prozesse innerhalb eines Kindergartens fördern gerade diesen Aspekt enorm.

### Bindungstheorie

Der britische Kinderpsychiater John Bowlby entwickelte in den 1970er-Jahren die sogenannte Bindungstheorie. Er beobachtete, dass Kleinkinder ab einem Lebensalter von etwa einem Jahr durch bestimmte Verhaltensweisen in unbekannten oder bedrohlichen Situationen Nähe zu (einer) wichtigen Bezugsperson(en) suchen: Sie weinen, rufen, zeigen auf etwas, klammern sich an oder laufen ihr hinterher. Diese wichtige Bezugsperson ist vermutlich meist die Mutter oder der Vater. Aber es kommen auch Großeltern, Erzieherinnen oder Erzieher sowie andere Menschen infrage, die eine enge Beziehung zum Kind aufbauen.

Weint ein Kind, will es erreichen, dass die Bezugsperson zu ihm kommt. Hält es sich an ihrer Hand fest, verleiht ihm dies Sicherheit. Solches Verhalten heißt nach Bowlby Bindungsverhalten. Es ist vermutlich angeboren, denn es sichert dem Kleinkind in bedrohlichen Situationen Schutz durch vertraute Erwachsene, die gegebenenfalls sein Überleben sicherstellen können.

später sich erweiternden Umgebung auf diese Kommunikationsversuche eingehen, prägt die Gefühlswelt des Kindes.

## Bezugspersonen prägen

Das Kind sucht Bindung, den Schutz durch eine Bezugsperson. Was diese, zunächst sicher meist ein Elternteil, an Empathie, Feinfühligkeit und Einfühlsamkeit zeigt, prägt die Interaktionsmuster, die das Kind ausbildet. Die Qualität der Bindung zwischen dem Kind und seinen Eltern oder anderen engen Bezugspersonen hat Einfluss auf seine gesamte emotionale und soziale Entwicklung. Dafür sind die ersten drei Lebensjahre von großer Bedeutung.

Durch seine persönlichen Bindungserfahrungen erwirbt das Kind ein inneres Bild dessen, was es von seinen Interaktionspartnern, den Bezugspersonen, erwarten kann. Reagieren sie auf sein Bemühen um Schutz? Kann es sich auf sie verlassen? Oder bleiben sie neutral oder weisen das Kind gar zurück? Psychologen sprechen hier von einer kognitiven (Bindungs-)Repräsentation (oder „inner working

## Interaktion oder Beziehung?

Als Interaktion bezeichnet die Soziologie das wechselseitig aufeinander bezogene Handeln zweier oder mehrerer Akteure (Personen). Eine Beziehung im sozialen Sinne ist eine Kette von Interaktionen.

Die Sozialpsychologie versucht, Typologien von Beziehungen herauszuarbeiten. So definiert man etwa eine Eltern-Kind-Beziehung, eine Paarbeziehung o. Ä.; Beziehungen können Individuen miteinander eingehen, Einzelne zu Gruppen, Gruppen untereinander und so fort… Sie können eher locker sein, wie unter Bekannten, aber auch eng, z. B. unter Freunden.

Erwachsene, die für die Beaufsichtigung von Kindern zuständig sind, bezeichnet man auch als Bezugspersonen, sie sind dann im professionellen Sinne für ein Kind „zuständig". Nicht grundsätzlich entwickelt sich aus einer solchen Zuständigkeit eine Bindung. Zuständigkeiten können organisiert werden, Bindung jedoch nicht.

Kinder, die sich sicher gebunden fühlen, erkunden ihre Umwelt voller Neugier und Lerneifer.

Die Kindertagesstätte ist auch der Ort für interkulturelle Erfahrungen.

models"/ „innere Arbeitsmodelle" bzw. Bindungsschemata). Die einmal erworbenen Bindungsschemata formen in sozialen Situationen die Erwartungen an andere und die Bewertungen der Situation, sie beeinflussen das gezeigte Verhalten.

*Um sich gut entfalten zu können, braucht ein Kind die Anerkennung seiner Individualität, Lob und Ermutigung. Aus der Erfahrung, sich geschützt und geborgen zu wissen, wagt es sich in die Welt.*

Von der Qualität der Bindung hängt es ab, wie neugierig und aktiv ein Kind in seinem Explorationsstreben ist, in seinen Aktivitäten zur Erkundung der Welt. Im Idealfall kann es seiner natürlich gegebenen Neugierde voller Freude und Begeisterung nachgehen und auf diesem Weg wichtige Lernerfahrungen sammeln. Außerdem gelingt es ihm, seine Gefühle wahrzunehmen und zu zeigen, sie aber auch selbst zu regulieren, also zu steuern.

Ausgehend von diesem psychologischen Entwicklungsmodell nimmt man an, dass ein Kind sein Selbstkonzept und seine Identität aus seinen frühen Bindungserlebnissen heraus entwickelt.

Im Kontext früher Bindungserfahrungen kann ein Kind sozial förderliches (prosoziales) Verhalten aufbauen und lernen, moralisch zu urteilen. Diese frühen Erfahrungen formen das Fundament, von dem aus Kinder Beziehungen zu anderen Kindern aufbauen, Freundschaften entwickeln und im weiteren Verlauf ihres Lebens tragfähige Partnerschaften eingehen.

Frühe Bindungserfahrungen eines Kindes zeigen sogar längerfristig Wirkung. Verlaufen sie positiv, erwirbt das Kind Kompetenzen zur Konfliktlösung, es ist offen, kann seine Gefühle kontrollieren, zeigt weniger Verhaltensauffälligkeiten, arbeitet ausdauernd an der Lösung von Problemen und agiert selbstständig.

## Der Kreis der Bezugspersonen erweitert sich

Nicht nur seine ersten Bindungserfahrungen sind für das Kind bedeutsam. Zunehmend weiten sich seine Kreise, und es tritt in Kontakt mit anderen Erwachsenen außerhalb der Kernfamilie. Dies sind im privaten Kreis vermutlich zunächst Verwandte, der Freundeskreis oder Nachbarn, in institutioneller Hinsicht Erzieherinnen und Erzieher, vielleicht Tagespflegeeltern, später Lehrerinnen oder Lehrer. Auch hier ist es wichtig, wie auf die kindlichen Kontaktsignale reagiert wird. Bilden sich Beziehungen aus, ist es wichtig, dass das Kind dort Sicherheit, Anerkennung sowie die Wertschätzung und Achtung seiner Persönlichkeit erfährt. Gelingt dies, treten zu den primären Bezugspersonen weitere hinzu, also Menschen, deren Beziehungen zu dem Kind stabil und verlässlich sind.

Bezugspersonen sollten

- das Kind dazu ermutigen, die Welt zu erforschen, sich Neuem zuzuwenden und seine Autonomie zu entwickeln und
- dem Kind Hilfe, Zuwendung und Unterstützung geben, wenn es erforderlich ist.

Wichtig ist für eine Erzieherin als Bezugsperson, sich immer wieder neu um eine Balance zwischen diesen beiden Eckpunkten zu bemühen, dem Kind also einerseits individuelle und entwicklungsangemessene Autonomie zuzugestehen und es darin zu fördern; ihm andererseits in schwierigen Situationen zur Seite zu stehen und es in Problemsituationen angemessen zu begleiten und Hilfestellungen anzubieten. ◀

**Literatur:** Brazelton, Thomas B./Greenspann, Stanley I.: **Die sieben Grundbedürfnisse von Kindern.** Beltz, Weinheim/Basel 2002

Hessisches Ministerium für Arbeit, Familie und Gesundheit (Hrsg.): **Bildung von Anfang an.** Bildungs- und Erziehungsplan für Kinder von 0 bis 10 Jahren. Wiesbaden 2005

## Am Beispiel: Hessen

Der hessische Bildungsplan „Bildung von Anfang an" benennt als Basiskompetenzen verschiedene grundlegende Fähigkeiten, Fertigkeiten, Haltungen und Persönlichkeitsmerkmale.

Unter den individuumsbezogenen Kompetenzen und Ressourcen finden sich unter anderem

- personale Fähigkeiten und Ressourcen: Selbstwertgefühl und ein positives Selbstkonzept.
- die Motivation betreffende Fähigkeiten und Ressourcen: Autonomieerleben, Selbstwirksamkeit bzw. Kompetenzerleben, Selbstregulation, Neugier und Interesse.
- emotionale Fähigkeiten: Gefühle identifizieren und äußern, emotionale Situationen anderer wahrnehmen und angemessen darauf reagieren.

Unter den Kompetenzen zum Handeln im sozialen Kontext finden sich

- soziale Fähigkeiten: Empathie, Kommunikationsfähigkeit, Kooperations- und Teamfähigkeit, Konfliktmanagement.
- die Entwicklung von Werten und Orientierungskompetenz: Gefühl der Zugehörigkeit zur eigenen Kultur und der Teilhabe an dieser.
- die Sensibilität für und Achtung vor Andersartigkeit und Anderssein: Solidarität, sozial und ökologisch verantwortlicher Umgang mit der eigenen Handlungsfreiheit, Unvoreingenommenheit gegenüber Menschen mit anderen Werten, Einstellungen und Sitten.
- die Fähigkeit und Bereitschaft zur Verantwortungsübernahme: Verantwortung für das eigene Handeln, anderen Menschen gegenüber, für Natur und Umwelt.
- die Fähigkeit und Bereitschaft zur demokratischen Teilhabe: das Einhalten und Akzeptieren von Gesprächs- und Abstimmungsregeln, das Einbringen und Überdenken des eigenen Standpunktes, Zuhören und Aushandeln.

# Was Kinder für eine gesunde sozial-emotionale Entwicklung brauchen

## Bindung: „Rohstoff" der kindlichen Entwicklung

Text: Edith Ostermayer | Fotos: Anja Doehring

**Die Entfaltung der eigenen Gefühlswelt ist überaus bedeutungsvoll für die Persönlichkeitsentwicklung. Damit ein Kind lernen kann, soziale Beziehungen angemessen zu gestalten, muss es ein sicheres emotionales Fundament haben. Es muss wissen, wo es hingehört, wo man es liebt oder zumindest gern hat, wo es Wertschätzung erfahren kann, und wohin es sich mit aller Gewissheit flüchten kann, wenn einmal etwas misslingt oder Konflikte bedrohlich werden.**

Nicht nur das soziale Lernen, sondern alles Lernen, jedwedes Verständnis der Welt baut auf genau demselben Fundament auf. Die Risiken des unbefangenen Erkundens und Erforschens, die zum Erfolg, aber auch zum Scheitern führen können, nimmt nur ein Kind auf sich, das sich – im übertragenen Sinne – aufgefangen und gehalten weiß. Diese Basis kann man einem Kind aber nicht einfach „geben“, sie lässt sich nicht pädagogisch „vermitteln“ oder gar von außen erzwingen.

Voraussetzung dafür ist notwendig Kommunikation, die Interaktion mit anderen Menschen. Sie schafft den Rahmen für die eigenen inneren Prozesse des Bewusstwerdens und das erwachsende Bewusstsein.

Kommunikation, und damit Verständigung, kann auf unterschiedlichen Ebenen ablaufen: auf der mimisch-gestischen, also nonverbalen Ebene, aber natürlich auch verbal. Neuropsychologische Forschungen legen nahe, dass ohne die Transformation emotionaler, sozialer wie auch kognitiver Inhalte über die Sprache keine Verknüpfung von Impulsen und Erfahrungen im Gehirn möglich ist. Nur wenn Eindrücke mit vorhandenen Informationen sinnvoll verknüpft werden können, speichert das Gehirn diese nachhaltig. Soll kognitives Wissen verankert werden, sind Übungsfelder notwendig, Möglichkeiten der Wiederholung, des aktiven Sich-Ausprobierens. Wird das Umfeld als sicher erlebt, fühlt ein Kind sich ermutigt, die Welt frei zu erkunden und die eigenen Fähigkeiten zu erproben und zu erweitern. Unter diesen Bedingungen und über mehrere Stationen hinweg lassen sich Kompetenzen gezielt aufbauen. Dies trifft ganz wesentlich auch auf emotionale und soziale Kompetenzen zu.

Gefühle teilen sich auf vielen Ebenen mit.

## Das soziale und kulturelle Umfeld verstehen

Für diese Prozesse spielt das soziale und kulturelle Umfeld des Kindes eine maßgebende Rolle. Dort lernt es, welche Regeln für die Gestaltung von Gemeinschaft und Beziehungen in seiner Umgebung bestehen. Da erfährt es, ob und wie sich die Erwachsenen um gegenseitiges Verstehen und Verständnis bemühen oder auch nicht – untereinander, aber auch gegenüber dem Kind. Es erlebt dort, je nach Familie in höchst unterschiedlichem Maße, Anerkennung, Wertschätzung und Empathie im sozialen Miteinander, und damit das Bemühen um Verständigung. Das Kind erlebt in seinem engsten sozialen Umfeld, ob und wie Signale des anderen wahrgenommen und interpretiert, ja vielleicht auch bewertet werden – im positiven wie im negativen Sinne. Es nimmt dort tagtäglich Worte und Redewendungen auf, mit denen man sich emotional und gedanklich mitteilt. Es lernt, in welchen sozialen Kontexten was an Verhalten und Äußerungen gewünscht oder unerwünscht ist, erwartet wird oder nicht. Nicht zuletzt erlebt das Kind, wie Erwachsene mit Konflikten und Problemlösungen umgehen.

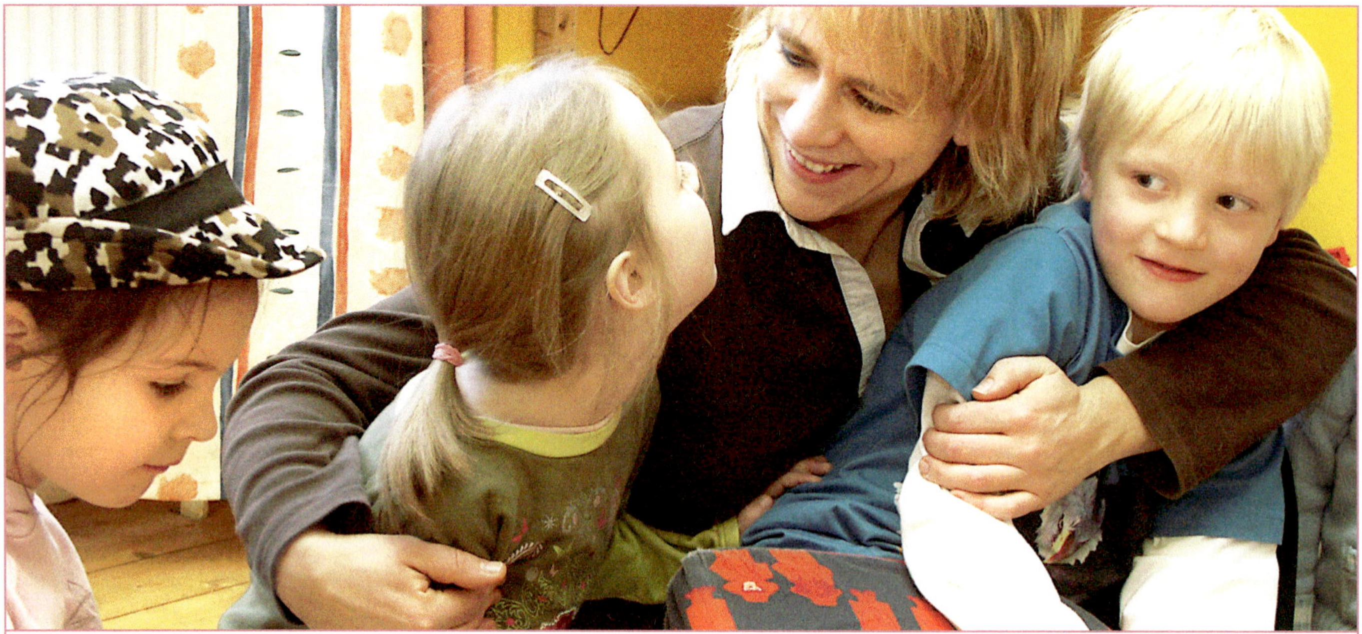

Einfühlsame, zuverlässige Bindungen tragen zu einem stabilen inneren Kompass bei, der hilft, sich sozial angemessen zu verhalten.

Diese vielschichtigen Erfahrungsprozesse werden immer auch von der aktuellen familiären Lebenssituation, aber auch den kulturellen Faktoren beeinflusst, die die Familie des Kindes bestimmen. Dabei ist jeweils von Bedeutung, was bei den Erwachsenen an eigenen sozialen und kulturellen Prägungen, aber auch an Bildungshintergrund gegeben ist. Diese Aspekte müssen in Kindertageseinrichtungen mit in Augenschein genommen werden, um ein Kind in seinen Entwicklungsprozessen individuell angemessen wahrzunehmen, zu verstehen und ihm adäquate Angebote zur Entwicklungsförderung anzubieten. In den Einrichtungen müssen Kinder aber auch sichere Bindungen erleben, um wichtige und stabile Beziehungen aufbauen und die Welt und ihre Funktionsweisen erkunden zu können. Gelingt dies, kann das Kind Explorationsstreben und Neugier entwickeln, die wichtige Grundlagen für das Lernen und den Erwerb von Weltwissen darstellen.

*Das Auge schläft,*
*bis der Geist es mit einer Frage weckt.*
*Afrikanisches Sprichwort und Grundsatz der Reggio-Pädagogik*

## Bindungsqualität einschätzen

Die Bindungserfahrungen, die ein Kind in seinen ersten Lebensjahren macht, bestimmen sein Verhalten, aber auch sein inneres Arbeitsmodell. Sie prägen sein Selbstbild, jedoch auch die Haltung, die es gegenüber seinen Kompetenzen und seiner Rolle in dieser Welt entwickelt.

In den späten 1970er-Jahren haben Entwicklungspsychologen rund um Mary D. Salter Ainsworth (1913–1999), die mit John Bowlby zusammenarbeitete (s.S. 10), ein seither häufig eingesetztes Verfahren entwickelt, das als „Fremde-Situations-Test" bezeichnet wird. Man hat anhand standardisierter Verfahren die Interaktionen zwischen Müttern und Kleinkindern beobachtet. Seither sind die Verfahren und Kategorien wissenschaftlich erweitert und auch auf andere Lebensphasen ausgeweitet worden; die grundlegenden Beschreibungskategorien sind für die frühkindliche Entwicklung dennoch bis heute hilfreich. Beobachtet wird eine standardisierte Situation, in der sich die Mutter vom Kind trennt, vor, während und nach dieser Trennung. Je nachdem, wie das Kind darauf reagiert und welche Balance es für sein eigenes Verhalten findet, unterscheidet man in sichere, unsicher-ambivalente und unsicher-vermeidende Bindung.

Ein sicher gebundenes Kind trennt sich zwar von seiner Bindungsperson, sucht aber, soweit möglich, den Sichtkontakt. Es zeigt Trennungsreaktionen, erkundet während ihrer Abwesenheit seine Umgebung (Explorationsverhalten) und sucht aktiv die Nähe der Bindungsperson, sobald sich ihm diese wieder nähert.

Solche Kinder können durch die Zuverlässigkeit, Empathie und Feinfühligkeit ihrer Bindungspersonen ein inneres Arbeitsmodell entwickeln, das sie erfahren lässt, dass sie liebenswert, wichtig und wertvoll sind. Sie wissen, dass sie sich auf andere verlassen können, was sie in ihrem Sozialverhalten und Selbstbewusstsein unterstützt. Innerhalb solcher Bindungserfahrungen können Kinder Vertrauen in sich und die Welt gewinnen. Dadurch sind sie gut gerüstet für all das, was ihnen später eventuell an schwierigen oder belastenden Situationen begegnet.

*Sichere* Bindungen sind Voraussetzung dafür, dass Kinder für den Erziehungseinfluss ihrer Bindungspersonen zugänglich sind. Sie sind bereit, deren Regeln und Werte zu übernehmen und auf deren Wünsche einzugehen. Sie vertrauen ihnen und befolgen deshalb Anweisungen und wollen sich an anstehenden Aufgaben beteiligen.

Sichere Bindungen sind gegeben, wo die Bindungspersonen das Explorationsstreben der Kinder unterstützen: Die Kinder haben nicht nur die Erlaubnis zum Erkunden ihrer Umgebung, sondern tun dies voller Motivation, Neugierde und Freude. In diesem Rahmen können Kinder ihre eigenen Möglichkeiten entdecken, sich diese Welt zu erschließen und zu gestalten: beste Voraussetzungen für nachhaltiges Lernen.

Zeigt ein Kind zwar Trennungsreaktionen, aber während der Abwesenheit der Bindungsperson kein Explorationsverhalten und wirkt es durch fremde Personen verunsichert, spricht man von einer *unsicher-ambivalenten* Bindung.

## Resilienz

Kinder werden aufgrund der rasanten Veränderungen unserer Gesellschaft mit immer neuen Herausforderungen konfrontiert. Dazu gehört auch, dass sie mit Unsicherheiten, schwierigen Lebenssituationen und Belastungen umgehen müssen. Dieser Aspekt wird unter dem Begriff „Resilienz“ lebhaft diskutiert. Damit ist die Fähigkeit gemeint, „erfolgreich mit belastenden Lebensumständen und negativen Folgen von Stress umzugehen“ und sich von einer schwierigen Lebenssituation „nicht unterkriegen zu lassen“ (vgl. Wustmann 2001). Eine der vermuteten Bedingungen für den Erwerb von Resilienz ist eine sichere Bindung. Das Gegenkonzept ist die „Vulnerabilität“, gemeint sind die Verletzlichkeit und Instabilität einer Persönlichkeit.

Mädchen sind meist resilienter als Jungen, Letztere werden gegebenenfalls eher als „untypische“ Jungen wahrgenommen. Menschen mit großer persönlicher Stabilität verfügen über einige oder mehrere der folgenden Merkmale, sie sind

- lernwillig und leistungsbereit (ihre Schulleistungen sind mitunter besser, als es ihre Intelligenz erwarten ließe),
- vergleichsweise diszipliniert und kontrolliert,
- zugewandt und einfühlsam,
- bereit, über ihre Gefühle zu sprechen,
- vertrauensvoll und wenig aggressiv,
- bereit, Schwächen einzugestehen (sie können um Hilfe bitten),
- realistisch in ihrer Selbsteinschätzung,
- sozial angepasst (sie versuchen, akzeptierten Erwartungen gerecht zu werden),
- interessiert an Menschen, Sachen und Ideen.

Kinder, die sich *unsicher-vermeidend* verhalten, erkunden zwar ihre Umgebung bei Abwesenheit der Bindungsperson, reagieren jedoch kaum, wenn diese zurückkehrt oder meiden gar die Nähe zu ihr.

Nicht sicher gebundene Kinder haben zahlreiche Erfahrungen gesammelt, in denen sie sich nicht auf ihre Bindungsperson verlassen konnten. Diese Unzuverlässigkeit zeigt sich dadurch, dass die Bindungs-

person die Signale des Kindes gar nicht oder nur manchmal und unzuverlässig erkennt und darauf wenig oder gar nicht feinfühlig eingeht. Zuweilen werden Annäherungsversuche und Körperkontakte vonseiten des Kindes abgelehnt oder nur ab und an zugelassen.

## Wie zeigt sich dies im Alltagverhalten?

Sicher gebundene Kinder können durch tragfähige Erfahrungen aus den Interaktionen mit ihren Bindungspersonen ein positives inneres Selbstbild entwickeln. Sie zeigen in angstfreien, unbelasteten Situationen ein ausgeprägtes Erkundungs- und unbefangenes Spielverhalten. So können sie wertvolle Lernerfahrungen machen. In emotional belastenden Situationen suchen sie die Nähe ihrer Bezugsperson, zeigen offen ihre Gefühle und können dann Trost, Sicherheit und Geborgenheit erfahren. Dadurch tanken sie neue Kräfte und Zuversicht und können ihrer Umgebung erneut mit Neugierde begegnen. Weltweit durchgeführte Forschungsarbeiten legen die Einschätzung nahe, dass der weitaus größere Teil der Kinder als sicher gebunden gelten kann.

Kinder mit unsicher-vermeidenden Bindungserfahrungen spielen häufig demonstrativ allein. Sie möchten sich Enttäuschungen bei Kontaktsuche und Annäherungswünschen ersparen. Gleichzeitig sind sie oftmals sehr angepasst und folgen schnell den Vorstellungen und dem Willen anderer Kinder. Sie haben verlernt, ihre eigenen Wünsche ernst zu nehmen und diesen eine Berechtigung zuzugestehen. Sie tun lieber gleich, was man von ihnen erwartet, hoffend, dass sie geliebt werden, wenn sie ihre eigenen Wünsche verleugnen. Diese Kinder haben ein negatives Selbstwertgefühl. Ihre Erwartungshaltung ist, dass andere Menschen grundsätzlich abweisend, ja unerreichbar sind.

Die beste Voraussetzung für nachhaltiges Lernen ist, dass Kinder ihre eigenen Möglichkeiten entdecken dürfen, sich ihre Umwelt und deren Funktionsweisen zu erschließen.

Auch Freundinnen und Freunde, auf die man sich verlassen kann, geben Sicherheit.

Kinder mit unsicher-ambivalenten Bindungserfahrungen nehmen ihre Erfahrungswelt als unberechenbar wahr. Sie erleben sie als unvorhersehbar und häufig auch widersprüchlich. Manchmal werden sie von ihrer Bindungsperson liebevoll beschützt, ein anderes Mal ab- bzw. zurückgewiesen. Diese Kinder wissen nie sicher, was sie zu erwarten haben. Es ist immer fraglich, wie ihre Bindungsperson reagiert und ob sie für sie in belastenden Situationen zur Verfügung steht. Kinder mit diesen Erfahrungen haben oft Angst, eine Chance zu verpassen, die ihnen Zuneigung einbringen könnte. Sie werden dadurch nicht nur in gewissem Maße abhängig von der bestimmten Person, sondern auch unselbstständig. Die erlebte Unsicherheit, Anspannung und Angst verhindert schlussendlich, dass Kinder entspannt spielen und ihre Umgebung erkunden können.

Unsicher gebundene Kinder können demzufolge ihre Selbstbildungskompetenz nur unzureichend entfalten. Sie sind immer wieder damit beschäftigt, Verlassenheitsängste zu bewältigen oder Schutzmechanismen aufzubauen und zu erhalten. Dieses Verhalten müssen sie letztendlich an den Tag legen, damit sie in fremden oder belastenden Situationen nicht weiter an innerem Gleichgewicht verlieren.

Unter solchen Vorzeichen können Kinder nicht unbelastet und frei ihr Spiel entfalten. Spielen müssen sie aber, denn es ist der kindgemäße Weg zur Welterfahrung und zur Ausbildung von Weltwissen. Kommt das Spielen zu kurz, werden dem Kind wertvolle und zugleich lustvolle Erfahrungen vorenthalten. Seine geistige, soziale und emotionale Entwicklung kann beeinträchtigt werden.

*Wenn Kinder nicht spielen, haben sie es schwer, Lern- und Konzentrationsfähigkeit, aber auch Selbstständigkeit und soziale Kompetenz zu erwerben. Sie können ihre Kreativität nicht hinreichend entfalten. Ihnen fehlt auch ein gutes Maß an Lebenslust.*

Erzieherinnen und Tageseltern müssen dieses emotionale Fundament kennen, um ihren Bildungs-, Erziehungs- und Betreuungsauftrag ernst nehmen zu kon nen. Ihre Aufgabe ist es, den Kindern das Beste mit auf den Weg zu geben, das in ihrem Rahmen möglich ist. Doch selbst wenn Kinder innerfamiliär, in ihren primären Bindungsbeziehungen, unsichere Bin-

## Seelische Gesundheit

Toni Mayr und Michaela Ulich haben in einem Projekt zur Erforschung von kindlichem Wohlbefinden in Kindertageseinrichtungen unterschiedliche Bereiche seelischer Gesundheit beschrieben und voneinander abgegrenzt:

**Bereich 1 „Sozial-emotionales Verständnis"**
Es wird beobachtet, inwieweit sich Kinder in sozialen Situationen in die Gefühle eines Interaktionspartners einfühlen und diese berücksichtigen – und zwar bezogen auf den Umgang mit anderen Kindern, aber auch mit Erwachsenen.

**Bereich 2 „Initiative, Spiel und Kontaktfähigkeit"**
Hier werden die Initiativen und Aktivitäten von Kindern im Spiel und bei Beschäftigungen beobachtet. Dabei geht es aber auch um die sozialen Auswirkungen dieser Fähigkeiten. Man kann im pädagogischen Alltag häufig beobachten, dass ein Kind z. B. durch solche Eigenschaften für andere Kinder „attraktiv" ist und Einfluss gewinnt. Solche Kinder verfügen meist über tiefergehende Beziehungen zu anderen Kindern.

**Bereich 3 „Selbstsicherheit / Standhaftigkeit"**
Gemeint ist ein selbstbewusster, selbstsicherer Umgang mit anderen. Er beinhaltet eine – im positiven Sinne – Standhaftigkeit gegenüber Forderungen und Erwartungsäußerungen durch andere Kinder und Erwachsene. Kinder, die in diesem Sinne Selbstsicherheit und Standhaftigkeit beweisen, können und wollen ihre Bedürfnisse, Wünsche und Forderungen äußern und können sich von anderen abgrenzen, um einen eigenen Bereich zu besetzen und zu erhalten. Sie lassen sich nicht unter Druck setzen und nehmen erlittenes Unrecht nicht einfach hin, sondern wehren sich dagegen.

**Bereich 4 „Emotionale Offenheit"**
Hier geht es um die Fähigkeit, Gefühle in den Beziehungen zu Erwachsenen, hier also den pädagogischen Bezugspersonen, auszudrücken. Gefragt ist dabei jedoch nicht nur das Vermögen eines Kindes, zu erzählen, was es beschäftigt und wie es sich fühlt (expressive Ebene), sondern auch die Fähigkeit, Wärme und Unterstützung anzunehmen und körperliche Nähe zu genießen (rezeptive Ebene).

**Bereich 5 „Emotionale Stabilität"**
Stabilität erfordert emotionale Ausgeglichenheit und die Bewältigung von Belastungen. Kinder, bei denen diese Kompetenzen beobachtet werden, sind insgesamt eher sorglos und unbekümmert und wirken in ihrer Grundstimmung ausgeglichen, optimistisch und zuversichtlich. Nach einer emotionalen Belastung oder Anstrengung gewinnen sie relativ rasch ihre innere Balance zurück, denn sie können sich selbst wieder zur Ruhe bringen.

**Bereich 6 „Sensorische Genussfähigkeit"**
Gemeint ist die Fähigkeit, sich auch an einfachen und selbstverständlichen Dingen zu erfreuen, z. B. an gutem Essen oder an wohlriechenden Düften.

dungserfahrungen gemacht haben, haben sie die Chance, in den darüber hinausgehenden, außerfamiliären konstanten Beziehungen Sicherheit, Geborgenheit und Zuverlässigkeit zu erleben. Sie können dann in einer geschützten Umgebung jene Erfahrungen machen, die ihnen auf anderer Ebene verwehrt bleiben. Die Bindungsmuster weisen zwar eine relativ hohe Langzeitstabilität auf, sind aber keineswegs unveränderliches Schicksal. Erworbene innere Arbeitsmodelle lassen sich durch neue, intensive Bindungserfahrungen modifizieren.

## Erkennen, ob es Kindern in der Einrichtung gutgeht

Jenseits aller pädagogischen Ansätze muss für Erzieherinnen und Erzieher, Tagespflegeeltern und Lehrerinnen und Lehrer das Wohlergehen der ihnen anvertrauten Kinder von übergeordneter Bedeutung sein. Insbesondere, weil Bildungs-, Lern- und Entwicklungsprozesse vor allem dann gelingen, wenn es Kindern gutgeht und sie sich wohlfühlen. „Wohlbefinden" ist demzufolge keineswegs nur ein Thema für präventive Projekte zur seelischen und körperlichen Gesundheit von Kindern, sondern es ist ein wesentlicher Indikator für die Qualität von pädagogischen Einrichtungen und von modernen Bildungsstandards.

Um begünstigende Faktoren für die seelische Gesundheit von Kindern in Bezug auf ihren Besuch einer Kindertageseinrichtung zu beschreiben und um diese in den pädagogischen Programmen der Einrichtungen festzuschreiben, müssen zunächst Bereiche klar voneinander abgegrenzt werden, in denen Beobachtungen im pädagogischen Alltag vorzunehmen und einzuordnen sind. Nur dann kann es gelingen, pädagogisches Handeln auf bestimmte Ziele auszurichten.

## Was Kinder stark macht

Für das Entwicklungsalter von Kindern in Kindertageseinrichtungen ist Resilienz als psychische Widerstandsfähigkeit „gegenüber biologischen, psychologischen und psychosozialen Entwicklungsrisiken" (Wustmann 2003) zu betrachten. Für pädagogische Fachkräfte bedeutet dies, dass sie Kinder beim Erwerb folgender Kompetenzen unterstützen müssen:

- Problemlösefähigkeiten und Konfliktlösungsstrategien
- Verantwortungsbereitschaft
- realistische und positive Selbsteinschätzung (Selbstwirksamkeit, Selbstwertgefühl)
- Empathie und die Fähigkeit, sich in andere hineinzuversetzen (Übernahme von Perspektiven)
- prosoziale Beziehungsfähigkeit
- Stressbewältigungsstrategien
- angemessener Umgang mit der eigenen körperlichen Gesundheit

Diese Aspekte der Förderung können gerade und besonders gut in Kindertageseinrichtungen aufgegriffen werden. Wie dies in alltäglichen Situationen, aber auch in pädagogischen Angeboten oder Projekten gelingt, zeigt exemplarisch der Praxisteil des Bandes.

Erzieherinnen und Erziehern in Kindertageseinrichtungen kommt die wichtige Aufgabe zu, Kinder auf dem Weg zu einer gesunden emotionalen und sozialen Entwicklung zu begleiten bzw. diesen vorzubereiten und gemeinsam mit den Familien zu gestalten. Hier liegen zentrale Chancen der professionellen Gestaltung des Bildungs-, Erziehungs- und Betreuungsauftrages von Fachkräften in Kindertageseinrichtungen. ◀

**Literatur:** Mayr, Toni / Ulich, Michaela: **Seelische Gesundheit** bei Kindergartenkindern. In: Fthenakis, Wassilios E. (Hrsg.): Elementarpädagogik nach PISA. Herder, Freiburg 2003
Wustmann, Corinna: **Was Kinder stärkt.** Ergebnisse der Resilienzforschung und ihre Bedeutung für die pädagogische Praxis. In: Fthenakis (2003)
Wustmann, Corinna: **Resilienzförderung in Kindertageseinrichtungen.** Neue Impulse aus der Forschung. In: Bildung, Erziehung und Betreuung von Kindern in Bayern, 6.Jg./Nr.2 2001

Die Erziehung muss etwas aus dem Menschen herausbringen, nicht in ihn hinein. (Friedrich Fröbel)

# Die „Bildung der Gefühle“ im Alltag verankern

## Projektarbeit ist gelebter Situationsansatz

Text: Edith Ostermayer | Fotos: Anja Doehring

**Alle Bildungspläne fordern „Projektarbeit", nicht selten empfinden Erzieherinnen und Erzieher dies in ihrem anforderungsintensiven Alltag als Zusatzbelastung. Doch Projekte können auch im Kleinen gelingen, angeregt vom Interesse der Kinder lassen sie sich auch ohne viel Planungsarbeit und Aufwand entwickeln. Wie dies gelingt, ohne professionelle Ansprüche aufzugeben, zeigt dieser Beitrag.**

Was unterscheidet ein *Projekt* von einem pädagogischen *Angebot*? Die Begriffe werden im Alltag häufig synonym verwendet und meinen doch zwei sehr unterschiedliche Methoden, Lernprozesse anzuregen und zu unterstützen. Projektarbeit zielt im Kontext des neuen Bildungsverständnisses darauf ab, lernpsychologisch relevante Erkenntnisse der Kognitions- und Hirnforschung, aber auch der Entwicklungspsychologie so in den pädagogischen Alltag zu integrieren, dass förderliche Bedingungen für nachhaltiges Lernen geschaffen werden. Sie ermöglicht es Kindern, selbsttätig und selbstwirksam zu handeln. Sie setzt Partizipation geradezu voraus und unterstützt Demokratisierung.

*Projekte* entwickeln sich aus den Beobachtungen, die Kinder machen. Sie erwachsen aus kindlichen Fragen, gehen jedoch mitunter auch auf Impulse der pädagogischen Fachkraft zurück. Projekte können sich aus Spielhandlungen entwickeln oder aus einer bestimmten Lebenssituation entstehen. Projekte sind Teil des Alltags, sie bilden den Rahmen für ganzheitliches Lernen.

***Projekte können aus dem gewohnten Alltag der Kindertageseinrichtung erwachsen und sind durchaus in deren Rahmen und mit deren Bordmitteln zu bewältigen.***

Ein pädagogisches *Angebot* geht auf die Idee und Zieldefinition einer Erzieherin oder eines Erziehers zurück. Die Initiative geht also nicht vom Kind aus. Die pädagogische Fachkraft kennt vor der Durchführung den Inhalt des Angebots, sie hat eine pädagogische Zielsetzung vor Augen und gibt den genauen Weg vor, den die Kinder zur Zielerreichung zu beschreiten haben.

## Kriterien der Projektarbeit

Im Idealfall ist ein Projekt also auf eine Idee oder eine Frage eines Kindes oder mehrerer Kinder zurückzuführen. Deren Ursache war vielleicht eine Beobachtung in der Umgebung, eines besonderen Sachverhalts, eines überraschenden Umstands oder einer interessanten Situation. Die Erzieherin oder der Erzieher kann einen solchen Anlass gemeinsam mit einem oder mehreren Kindern aufgreifen. Zusammen können weitere Fragen entwickelt werden, die wiederum weiterführende Erkenntnisprozesse in Gang setzen – von Kindern und von Erzieherin oder Erzieher. Wie das methodisch zu gestalten ist, darauf soll später noch eingegangen werden.

Im Projekt arbeiten Kinder mit vollem Engagement ...

Die Idee oder der Impuls kann aber auch vonseiten der Erzieherin eingebracht werden, die ganz bestimmte Beobachtungen und Situationen als Bildungschance erkennt, aufgreift und durch gezielte Fragestellungen Neugier weckt und ein Projekt in Gang setzt.

Ein weiteres wesentliches Kriterium von Projektarbeit ist, dass der Prozess offen ist. Es ist zu Beginn eines Projektes noch unklar und nicht festgelegt, welche weiterführenden Fragen sich entwickeln werden – oder auch nicht. Wie kann man diesen nachspüren? Der Möglichkeiten sind unendlich viele. Jede Station im Projektverlauf wird mit den Kindern gemeinsam gestaltet. Daran wird der Partizipationscharakter, aber auch der Aspekt der Selbsttätigkeit und Selbstwirksamkeit erkennbar. Eine Projektgruppe wird gebildet, die gemeinsam überlegt und forscht, Aufgaben untereinander verteilt, Strategien entwickelt, Probleme löst und Fragen beantwortet. Dies ermöglicht fundamentale Erfahrungen in demokratischer Teilhabe.

Weil die Inhalte von den Fragen und Interessen der Kinder ausgehen, aber auch, weil diese aktiv in die Planung, Gestaltung und Umsetzung eingebunden sind, kommt die Motivation zur Arbeit am Projekt von ihnen selbst. Sie kann für alle Lernwege und -prozesse innerhalb des Projektes genutzt werden, da man ihnen nichts „aufnötigt".

*Die Projektmethode holt Kinder in ihren aktuellen Lebenssituationen und bei ihren persönlichen Bildungsbedürfnissen ab. In diesem Sinne ist sie der „gelebte Situationsansatz".*

Die Projektmethode setzt bei den individuellen Bezügen und Erfahrungsfeldern der Kinder an, wodurch diese in Sinnzusammenhängen und damit ganzheitlich lernen. Zudem ermöglicht die Projektarbeit eine sehr konkrete und aktive Auseinandersetzung mit Bildungsinhalten.

## Wie lange dauert ein Projekt?

Da Projekte immer das Interesse und die individuellen Fragestellungen vonseiten der Kinder voraussetzen, hängt es allein von diesen ab, wie lange der Forschungswille vorhält. Deshalb können Projekte von unterschiedlicher Dauer sein. So kann ein Projekt mehrere Wochen oder gar Monate umfassen – manchmal beschäftigt die Kinder ein Thema auch über ein Jahr hinweg. Projekte können ebenso nur eine oder wenige Stunden dauern. Sie enden dann, wenn das Interesse der Kinder erlischt und/oder ihre Fragen beantwortet sind, wenn ihre Wissbegierde gestillt ist und keine weiteren Forscherfragen mehr aus den bisherigen Erkenntnissen und Entdeckungen erwachsen. Dadurch müssen Projekte keines-

Auch an der Dokumentation eines Projektes wirken die Kinder gestaltend mit.

wegs raum- oder zeitübergreifend sein. Sie sind mitnichten Elemente in den Abläufen der Einrichtungen, die alle weiteren Prozesse im Tages-, Wochen- und Jahresgeschehen begrenzen, einengen und nicht mehr möglich machen.

Insbesondere die Tatsache, dass in den Einrichtungen oftmals regelmäßige Förderprogramme und -angebote laufen (Sprachförderung, Bewegungsförderung etc.), lässt bei Erzieherinnen die Frage aufkommen: „Wo ist in unseren Abläufen noch Platz für ein Projekt?" Dies ist sicherlich eine Frage, die nur im Gesamtteam diskutiert und gelöst werden kann. Es muss geklärt werden, welche Elemente in den Abläufen Priorität haben und wo Freiräume sind, innerhalb derer individuelle Interessen von Kindern aufgegriffen und ihnen nachgegangen werden kann. Dann können z. B. während der Freispielphase Projekte angeboten werden oder sogar ein Konzept entwickelt werden, das regelmäßige Abschnitte in den Tages- und Wochenabläufen vorsieht, in denen an Projekten gearbeitet werden kann. Manchmal gibt es aber auch Zeiten, in denen Projekte nur schwer ihren Platz finden können, wie z. B., wenn Kinder neu aufgenommen werden und die Erzieherinnen Priorität auf die bewusste Gestaltung der Eingewöhnung von Kindern und ihren Familien legen müssen. Da muss Zeit in den Beziehungsaufbau investiert werden und andere Aufgaben müssen vorübergehend etwas hintanstehen.

*Die Frage nach Projektzeiten ist einrichtungsspezifisch unterschiedlich und hängt von vielen Faktoren ab. Öffnungszeiten, Personalbestand, Dienstpläne, konzeptionelle Schwerpunkte etc. spielen eine maßgebliche Rolle.*

## Wer macht mit?

Häufig gibt es Unklarheiten darüber, wie groß eine Projektgruppe sein soll bzw. darf, aber auch darüber, ob sich Kinder über die gesamte Dauer eines Projektes daran beteiligen sollen oder ob sie es auch mittendrin verlassen können. Diese Frage beantwortet sich mit Blick auf die Grundlagen der Projektarbeit von selbst, denn schließlich basiert diese Lernmethode auf der Motivation des Kindes. Ist diese erloschen bzw. erst gar nicht vorhanden, macht es aus lernpsychologischer Sicht keinen Sinn, das Kind zur Teilnahme an dem Projekt zu zwingen. Versucht man, alle Kinder einer Gruppe an einem Projekt zu beteiligen, besteht die Gefahr, dass gar nicht alle dazu motiviert sind. „Selbstbildung" wird dann zur „Fremdbestimmung", ein Erkenntniszuwachs ist kaum zu erwarten.

Natürlich können Erzieherinnen oder Erzieher das Interesse und die Begeisterung der Kinder gezielt entzünden. Dies wird gelingen, wenn die Beziehung zwischen ihnen und den Kindern so tragfähig ist, dass die Kinder gern folgen mögen. Es liegt aber sicher auch am pädagogischen Geschick Einzelner, Fragen zu finden, die bei den Kindern einen individuellen Zugang eröffnen und gar ihre Entdeckungs- und Forscherlust wecken.

Projektgruppen können durchaus 10 bis 15 Kinder umfassen. Sie können aber auch aus nur zwei Kindern bestehen. Manchmal betrifft ein Projektthema auch nur ein Kind.

## Die Dokumentation öffnet das Projekt für alle

Sind Projektgruppen klein oder äußert gar nur ein Kind Interesse an einem Gegenstand, fällt es Erzieherinnen vermutlich schwer, die Aufmerksamkeit zu rechtfertigen, die sie in der Gesamtgruppe entzieht. Wie können pädagogische Fachkräfte es „sich erlauben", sich zeitweilig nur einem Teil der Gesamtgruppe zu widmen oder nur ein paar wenigen Kindern oder sogar einem einzigen? Was lernen die anderen Kinder in dieser Zeit?

Da die verschiedenen Inhalte, Entdeckungen und Erfahrungen während eines Projektes fortlaufend dokumentiert werden und somit für andere Kinder, Kolleginnen und Eltern einsehbar sind, bieten sie auch den „unbeteiligten Kreisen" neue Bildungsimpulse. Die Dokumentation regt die Außenstehenden an, nachzufragen oder sich mit den Projektkindern und beteiligten Erzieherinnen oder Erziehern auszutauschen. Sie gibt einen außerordentlich wertvollen Anlass, über den Prozess an sich nachzudenken.

Über Gelerntes zu sprechen, vertieft die Lernerfahrungen und unterstützt den Prozess der Metakognition.

Um das Projekt zu dokumentieren, können beispielsweise Erlebnisse auf Fotos oder in Zeichnungen abgebildet oder Forscherfragen, Gespräche und Erkenntnisse schriftlich festgehalten werden.

Auch die Kinder aus den Projektgruppen können anhand der Dokumentationen ihre eigenen Lernerfahrungen erinnern, nachvollziehen, reflektieren und verarbeiten. Die Erzieherin ermöglicht es den Kindern so, ihre Bildungsprozesse zu vertiefen und diese schlussendlich durch das Gespräch mit anderen Kindern weiterzuführen und auszubauen.

Vielleicht lassen sich Kinder, die bislang nicht an einem Projekt teilgenommen haben, durch die Dokumentation und den Austausch dazu anregen, zu einem bestimmten Zeitpunkt selbst in das Projekt einzusteigen?

## Projekte brauchen Offenheit – auf vielen Ebenen

Klar wird eines: Der Projektprozess verlangt von den Erzieherinnen große Offenheit, Flexibilität und gleichzeitig die Fähigkeit, den roten Faden zu behalten und Kinder auf ihre ursprünglichen Fragen zurückzuführen, wenn die Lernumwege sich allzu sehr verschlingen und verzweigen. Manchmal müssen Zwischenschritte eingelegt oder Teillösungen gefunden werden, um an der ursprünglichen Idee weiterarbeiten zu können.

Erfolgreiche Projektarbeit benötigt aber vor allem das eigene Interesse der Erzieherin oder des Erziehers an dem, was während des Prozesses alles entstehen kann. Ideal ist eigene Neugierde auf Forscherfragen und Entdeckungen. Denn nur dort, wo sich Erzieherinnen selbst mit Wissensdurst einem Thema widmen, können sie Kindern ein Vorbild für selbsttätiges und aktives Lernen sein.

Die Erzieherin ist bei der Projektmethode vielmehr Lernmoderatorin und -begleiterin als Gestalterin und Vermittlerin von Bildungsinhalten. Sie unterstützt die Kinder in ihrer Selbsttätigkeit und Selbstwirksamkeit.

*Vor allen Dingen bieten Projekte spannende Erfahrungen für Kinder und Erzieherinnen.*

Auch die Kinder sind in Projekten anders herausgefordert als von einem pädagogischen Angebot. Sie sind motiviert, selbst aktiv zu werden, selbst zu fragen und zu forschen, und bekommen weniger Anleitung. Doch trotz aller Selbstbildungsprozesse und aller Selbsttätigkeit müssen sie im Team arbeiten, sich absprechen, miteinander die nächsten Schritte vereinbaren und immer wieder neu für sich schauen, wo ihr Platz im Gruppen- und Bildungsprozess ist.

## Die Phasen eines Projekts

Die im Folgenden dargestellten Projektphasen sind nicht unbedingt als feststehendes Raster zu interpretieren. Vielmehr können einzelne Abschnitte immer wieder eintreten. So kann es sein, dass in der Planungsphase neue Fragen auftreten, die es nahelegen, die Projektziele neu zu definieren. Oder es treten während der Umsetzung unerwartete Problemstellungen auf, die Zwischenschritte mit veränderten Zieldefinitionen, Planungen und Absprachen notwendig machen. Es können also immer wieder einmal Umwege nötig sein.

Wichtig ist, dass die jeweiligen Phasen dokumentiert werden, denn dadurch gelingt es der Projektleitung – meist ist das die Erzieherin oder der Erzieher –, den roten Faden beizubehalten. Diese Dokumentation kann in stichwortartigen Protokollen durch die Erzieherin erfolgen oder in Mindmaps und Wandplakaten, die auch von Kindern einzusehen sind. In den Kindertageseinrichtungen in den reformpädagogischen Einrichtungen in Reggio Emilia spricht man hier von „sprechenden Wänden“. Abschließende Projektdokumentationen können z. B. in den Portfolios der Kinder ihren Platz finden.

**Projektinitiative:** Am Anfang eines Projektes steht immer die Projektinitiative und damit die Frage: Wie lautet das Thema des Projektes? Dadurch wird auch die Zielgruppe ermittelt – nämlich die Kinder, die das Thema initiiert haben und alle anderen, die daran interessiert sind und ihre Fragen dazu einbringen.

**Bestimmen der Projektziele:** Hier ist maßgebend, was Kinder erfahren, ausprobieren und experimentieren wollen. Es geht aber auch um Anliegen der Erzieherin: Welche Fragen hat sie zu dem Thema? Welche Ziele möchte sie verfolgen? Es geht um ganzheitliche, aber auch spezifische Lern- und Entwicklungsprozesse, die durch das Projekt gefördert werden sollen.

**Projektplanung:** In dieser Phase wird überlegt, welche Methoden eingesetzt werden können, um die Ziele zu erreichen und die entstandenen Forscherfragen zu beantworten. Es geht um die Organisation und Beschaffung von Materialien und Informationen. Darüber hinaus muss der zeitliche und räumliche Rahmen definiert werden, innerhalb dessen das Projekt bezogen auf sonstige Abläufe in der Einrichtung stattfinden kann.

**Durchführung und Dokumentation:** Hier geht es um konkrete Schritte der Umsetzung, aber auch darum, welche neuen Fragen und Ideen möglicherweise bei der Umsetzung entstehen. In diese Phase können auch Eltern und/oder Experten einbezogen werden. Zudem kann die Frage, ob und wie das Thema im familiären Kontext der Kinder weitergeführt werden kann, maßgebend sein. Insbesondere spielt hier eine tragende Rolle, dass der Prozess ausreichend dokumentiert wird, da so Eltern und andere Kinder den Projektverlauf miterleben und nachvollziehen können. Die Möglichkeiten der Dokumentation sind dabei vielfältig.

**Evaluation / Auswertung:** Zum Schluss werden die Erfahrungen während des Projektes mit den Kindern reflektiert. Die Reflexion kann darüber hinaus auch im Team oder mit den Eltern erfolgen. Hier steht die Frage im Zentrum, welche Lernziele erreicht wurden, aber auch welche weiteren, möglicherweise ungeplanten Erfahrungen gemacht wurden. Manchmal erschließen sich durch ein Projekt auch Interessensgebiete, aus denen Anschlussprojekte entstehen können.

Dies sind enorme Herausforderungen, aber auch Lernchancen für ihre soziale, emotionale und kognitive Kompetenz.

Nicht zuletzt geht es für die Erzieherin oder den Erzieher bei dieser Methode immer wieder um das feinfühlige Wahrnehmen und Beobachten der Kinder mit ihren eigenen Interessen und Fragen. Es gilt, Bildungsanlässe zu identifizieren, sie aufzugreifen und in wertvolle Bildungsprozesse überzuleiten und diese zu begleiten. Schließlich muss auch die eigene Rolle ein Stück weit neu definiert werden.

Aus dem erwachsenen Bildungsvorsprung heraus zu erkennen, was die Projektarbeit voranbringen und befruchten könnte, ist eine pädagogische Herausforderung. Der Lohn ist ein Bildungsprozess, der näher am Kind ist als andere Arbeitsmethoden und der mehr Ganzheitlichkeit und Nachhaltigkeit des Lernens ermöglicht. ◀

# Mariella und ihre Puppen sind neu in der Krippe

## Ein Projekt für Kinder im Alter von 0 bis 3 Jahren

Text: Edith Ostermayer | Fotos: Anja Doehring

Wenn junge Kinder zum ersten Mal in außerfamiliäre Betreuung kommen, sind sie auf Menschen angewiesen, die sie darin unterstützen, vertraute, vertrauensvolle und verlässliche Beziehungen zu ihren neuen, erwachsenen Bezugspersonen aufzubauen. Kleinkinder müssen wissen, wer für sie da ist. Verlässlichkeit zu erfahren, stärkt sie in ihrem Vertrauen, aber auch Selbstvertrauen und in der Ausbildung ihrer Identität. Fühlen sie sich sicher gebunden, erforschen auch kleine Kinder bald ihr neues Umfeld.

**Altersgruppe**
Kinder im Alter von 0 bis 3 Jahren

**Räumliche Voraussetzungen**
- Gruppenraum in der Krippe
- Schlafraum, Wickelplatz und sonstige Räumlichkeiten

**Materialien**
- Übergangsobjekt(e) des Kindes
- Gruppentagebuch
- Kamera
- kleines Büchlein mit leeren Blättern
- Papier, Stifte und Kleber

## Wie kam es zu dem Projekt?

Mariella kommt im Alter von einem Jahr und zehn Monaten in die Krippe. Die Eingewöhnung in die neue Umgebung fällt ihr recht schwer. Die ersten Trennungsversuche von der Mutter enden mit Tränen. Sie werden frühzeitig beendet. Die Mutter wird zunehmend von Zweifeln erfasst, ob ihre Tochter diese Herausforderung tatsächlich schon bewältigen kann. Anca, Mariellas Bezugserzieherin, spürt die wachsende Unsicherheit der Mutter und weiß, dass dies für die Eingewöhnung des Kindes nicht unbedingt förderlich ist.

Anca überlegt, ob vielleicht ein vertrauter Gegenstand von zu Hause beim Übergang helfen kann. Sie sucht das Gespräch mit der Mutter und bezieht diese in ihre Überlegungen ein. Sie fragt nach, ob es irgendein Objekt gibt, das Mariella besonders gern hat und mit dem sie sich zu Hause in schwierigen Situationen beruhigen kann. Der Mutter fallen sofort die beiden Puppen ein, die Mariella beim Einschlafen begleiten. Ohne diese mag sie gar nicht zu Bett gehen und auch, wenn sie tagsüber müde, erschöpft oder traurig ist, verlangt sie nach ihnen.

Anca vereinbart mit der Mutter, beim nächsten Besuch in der Kita die Puppen mitzubringen.

## Welche Ziele hat das Projekt?

Anca möchte Mariella die Eingewöhnung in die neue Umgebung und in ihre Gruppe erleichtern. Sie spürt, dass die Kleine noch einiges an Vertrauen in ihr neues Umfeld aufbauen muss. Das Kind soll schließlich dort auch ohne Mamas Anwesenheit positive Erfahrungen von Sicherheit, Verlässlichkeit, Vertrauen und sozialen Kontakten machen. Dies wird Mariellas Selbstvertrauen, aber auch ihr Selbstbild unterstützen. Ein geliebter Gegenstand von zu Hause kann ihr helfen, in der neuen Umgebung Fuß zu fassen. Man nennt solche Gegenstände auch Übergangsobjekte. Zudem will Anca Mariella ermöglichen, die ihr vertrauten Elemente ihres Tagesablaufes in der neuen Umgebung in ähnlicher Weise vorzufinden. Geeignet sind dafür Essenssituationen, die Gestaltung der Pflege oder auch Einschlafrituale.

*Übergangsobjekte helfen Kindern, in emotional belastenden Situationen Anpassungsleistungen zu vollbringen.*

Durch ritualisierte Abläufe in der Krippengruppe soll das Kind Sicherheit und Orientierung gewinnen. Das allmorgendliche Begrüßen der einzelnen Kinder in einem Lied vor dem Frühstück soll Mariella erfahren lassen, dass sie zum einen als eigenständige Person wahrgenommen wird, zum anderen aber auch Teil einer Gruppe ist. Das Gefühl der Geborgenheit und der Zugehörigkeit stärkt Kinder bei der Bewältigung des Alltags in der außerfamiliären Betreuung.

Anca will Mariella nach und nach in ihrer Kontaktaufnahme mit den anderen Kindern und später auch mit den Erzieherinnen unterstützen. Das Zusammensein mit Gleichaltrigen soll es ihr erlauben, adäquate Spielpartner zu finden. Durch die spielerische Auseinandersetzung unter gleichaltrigen Kleinkindern bekommt Mariella ein Feedback über ihre eigenen Möglichkeiten. Sie lernt Grenzen kennen. Teilen andere Kinder Vorlieben in Bezug auf Spielobjekte oder bestimmte Tätigkeiten, erwachsen erste Sympathien, und bereits im frühen Kindesalter entstehen Freundschaften.

*Die Puppen geben Mariella Sicherheit – sie sind ihr vertraut.*

Neben Mariellas Wohl hat Anca die Mutter im Blick. Sie möchte erreichen, dass diese sich nach und nach entspannt und Vertrauen entwickelt, dass ihre Tochter diesen ersten Übergang von der Familie in die außerfamiliäre Betreuung bewerkstelligen kann. Sie soll erfahren, dass ihr Kind davon profitiert und dass die Bewältigung dieser Entwicklungsaufgabe ihre Tochter in ihrer Persönlichkeitsentwicklung, aber auch für alle weiteren Bildungs- und Entwicklungsaufgaben stärken wird. Gleichzeitig ist wichtig, dass Mariellas Mutter immer wieder erlebt und von den Erzieherinnen der Einrichtung versichert bekommt, dass sie für ihre Tochter nach wie vor die wichtigste Bindungsperson ist und auch bleiben wird. Diesen Aspekt möchte Anca ihr gegenüber ansprechen und in den Begegnungen zwischen den dreien immer wieder erfahrbar machen.

### Wie sieht die Planung aus?

Was muss vorbereitet, organisiert und beschafft werden? Anca möchte Mariellas Mutter in einem Gespräch um Informationen zu den bisherigen Essens-, Pflege-, Einschlaf- und Aufwachritualen befragen. Dazu entwickelt sie einen Fragebogen, den sie während des Gespräches mit der Mutter ausfüllen möchte. Sie plant, mit ihr an einem Nachmittag einen Termin zu vereinbaren, nach der Betreuungszeit in der Krippengruppe. In diesem Gespräch will sie mit ihr auch den weiteren Verlauf der Eingewöhnung abstimmen. Dazu gehört, dass die Mutter die jeweiligen Eckpfeiler im Tagesablauf, wie Essen, Pflege, Einschlafen und Aufwachen, zunächst noch selbst ausübt. In einem weiteren Schritt soll sie diese Elemente nur noch begleiten, während sie dann die Erzieherin übernimmt. Nach und nach werden die einzelnen Elemente ganz von dieser übernommen, und die Mutter zieht sich zunehmend aus dem Gruppenalltag zurück.

Das bedeutet ebenso, dass die Aufenthaltsdauer des Kindes während der Eingewöhnung von Tag zu Tag gesteigert werden muss. Zunächst soll Mariella in der Gruppe nur ein bis zwei Stunden verbringen, innerhalb derer sie zum Beispiel eine Frühstückssituation miterleben kann. Im weiteren Verlauf soll sie etwas länger dabeibleiben, um in der Einrichtung auch gewickelt zu werden. So soll die Aufenthaltsdauer zunehmend ausgedehnt werden, damit Mariella Mittagessen, Einschlafen und Aufwachen in der Krippe – zunächst noch in Anwesenheit ihrer Mutter – erleben kann. Nach etwa vier Tagen soll ein weiterer kurzer Trennungsversuch während des Vormittags initiiert werden. Dieser soll zunächst nur etwa eine Viertelstunde dauern. Je nach Mariellas Reaktion kann dieser am darauffolgenden Tag etwas ausgeweitet werden. Sollte sie jedoch immer noch sehr weinen und sich nicht von Anca beruhigen lassen, wird an den nächsten ein bis zwei Tagen zur Stabilisierung zunächst kein weiterer Versuch stattfinden. Die nächste Trennungsphase sollte dann auch kürzer gestaltet werden. Wichtig ist Anca dabei, dass Mariella regelmäßig kommt, selbst wenn anfangs möglicherweise die Aufenthaltsdauer in der Krippe noch eingeschränkt bleiben müsste.

Durch diese Regelmäßigkeit kann Mariella in der Krippe ritualisierte Abläufe erleben, die ihr Sicherheit und Orientierung geben und zugleich ein Anhaltspunkt für die Rückkehr ihrer Mutter sein können. Das Kleinkind soll die Erfahrung machen: Immer dann, wenn es nach Ablauf des Vormittags – mit seinen immer wieder-

*Langsam erkundet Mariella ihre Umgebung auch ohne ihre Puppen.*

## Kompetenzen im Blickpunkt

**Ganzheitliche Förderung:**

- Identitätsentwicklung
- Sicherheit und Orientierung in der neuen Umgebung
- soziale Kontakte mit anderen Kindern
- visuelle und akustische Wahrnehmung
- Sprachkompetenz
- Übergangskompetenz (Transitionskompetenz)

**Spezielle Förderung:**

- gezielter Aufbau von Beziehungen (Bindung)
- Vertrauen in die Bezugspersonen
- Selbstvertrauen

## Kooperation mit Eltern

**Aktives Einbeziehen:**

- Begleitung des Kindes während der Eingewöhnung in die Krippe
- Gespräche mit der Bezugserzieherin vor, während und nach der Eingewöhnung

**Dokumentation:**

Gesprächsdokumentationen, Gestalten eines Puppen-Buches für das Kind, Dokumentationsbüchlein für die Eltern, regelmäßige Einträge über wichtige Vorkommnisse ins Gruppentagebuch

*Verlässliche Bring- und Abholzeiten sind für das Gelingen der Eingewöhnung unumgänglich.*

kehrenden Elementen Freispiel, Frühstück, Freispiel, Pflege und Mittagsschlaf – ausgeschlafen und noch eine Weile gespielt hat, kommt seine Mutter, um es abzuholen.

Bestimmte Orte in der Einrichtung sollen Mariella feste emotionale Ankerpunkte bieten. Das ist zum einen ihr Platz an der Garderobe, der durch ein Foto von ihr gekennzeichnet werden soll, sodass sie eigenständig ihren Platz finden kann. Außerdem erhält sie ein Eigentumskästchen in ihrem Gruppenraum, das sie ohne Hilfe erreichen kann. Darin kann sie Schnuller, Schnuffeltuch oder Kuscheltiere deponieren, die sie von zu Hause mitgebracht hat. Dieses Kästchen soll ebenso wie die der anderen Kinder mit ihrem Foto gekennzeichnet werden. Auf diesem Weg finden sich die Kinder an mehreren Plätzen in der Einrichtung wieder, was zur Identitätsbildung beitragen soll.

Mariella soll zu den weiteren Krippenbesuchen immer ihre Puppen mitbringen. Anca stellt sich vor, die Puppen als Begleitung durch den Krippenalltag und durch die neue räumliche Umgebung zu nutzen. Beispielsweise möchte sie Mariella vorschlagen, zu erzählen, was die Puppen gern frühstücken und spielen. Sie möchte sie dazu einladen, den Puppen mit ihr gemeinsam die Krippe zu zeigen. Dabei will sie sich zunächst auf den Gruppenraum mit Schlafbereich und Wickelplatz beschränken. Sobald Mariella den Tagesablauf ohne die Mutter schon recht gut bewältigt, können sie und die Puppen zusammen mit Anca die restlichen Räume und auch Kinder des Hauses besuchen und kennenlernen.

Die Erzieherin möchte alle gemeinsamen Aktionen mit den Puppen fotografisch festhalten. Aus den Fotos soll ein Bilderbuch entstehen, das Mariella ihren Eltern zu Hause zeigen kann.

Anca möchte die Puppen und das Buch aber auch nutzen, um mit den Kindern aus Mariellas Gruppe und der anderen Erzieherin Kontakt aufzunehmen. Dabei sollen Gespräche entstehen, ein erster Austausch mit anderen Kindern und Erwachsenen, aber auch kurze Spielsequenzen, in die die Puppen mit einbezogen werden können.

## Projektdurchführung

**Methoden:** Erstellen eines Gesprächsleitfadens, Gespräche mit der Mutter, elternbegleitete, bezugspersonenorientierte und abschiedsbetonte Eingewöhnung, Fotografieren, Notizen im Gruppentagebuch, Basteln eines kleinen Buches für das Kind, Gestalten eines Dokumentationsbüchleins, Austausch im Team

**Zeitablauf:** Vorbereitung des Gespräches mit der Mutter, Gespräch zur Gestaltung der Eingewöhnung und zu Gewohnheiten des Kindes, Eingewöhnungsphase, Kind bleibt den ganzen Tag allein in der Krippe, Gespräch nach der Eingewöhnung

## Reflexion und weitere Initiativen

- Zielsetzung wurde erreicht – das Kind gewöhnte sich gut in die Einrichtung ein
- die gegebenen Standards für das Eingewöhnungskonzept der Einrichtung wurden erweitert
- Dokumentationsformen wurden durch Anlegen von Portfolios bereichert

Der Erzieherin ist wichtig, Mariella und ihre Mutter jeden Tag persönlich zu begrüßen und zu verabschieden. Dadurch will sie beiden Sicherheit, Verlässlichkeit und Orientierung bieten. In diesem Kontext muss sie die Anwesenheitszeiten von Mariella und anfangs auch noch ihrer Mutter innerhalb ihrer Dienstzeiten festlegen. Die Mutter soll täglich kurze Informationen darüber erhalten, wie es Mariella in der Krippe erging, was und mit wem sie gespielt hat, wofür sie sich interessiert hat, und was ihr möglicherweise auch Kummer bereitet hat. Von Bedeutung ist dabei, dass die Mutter erfährt, wie das Kind mit schwierigen Situationen umgegangen ist oder welche Hilfe und Unterstützung es dabei erfahren hat.

Anca will sich dazu täglich Notizen im Gruppentagebuch machen, um jederzeit auf diese Informationen zugreifen zu können. Darüber hinaus kann sie anhand dieser Aufzeichnungen den Verlauf der Eingewöhnung nachvollziehen. Sie kann Schwierigkeiten gezielter erkennen und an deren Bewältigung mit ihren Kolleginnen oder auch mit den Eltern von Mariella arbeiten.

Im ersten Entwicklungsgespräch mit diesen will Anca ihre Beobachtungen und Notizen heranziehen und daran Mariellas Entwicklungsprozesse veranschaulichen.

### Wie sieht die Umsetzung des Projektes aus?

Im Gespräch über Mariellas Gewohnheiten und Vorlieben zeigt sich die Mutter sehr gesprächsbereit und nahezu erleichtert. Sie freue sich sehr darüber, dass man die individuellen Gewohnheiten und Vertrautheiten ihrer Tochter sehr ernst nehme. Die Mutter lässt sich gern auf die Vereinbarungen ein, die Anwesenheit von Mariella zeitlich allmählich auszuweiten und die Erzieherin zunehmend die Situationen des Essens, Einschlafens und der Pflege übernehmen zu lassen. Auch auf die Abmachung zur zeitlichen Steigerung der Trennungsphasen lässt sie sich ein.

In der Umsetzung fällt es der Mutter allerdings schwer, darauf zu vertrauen, dass Mariella auch ohne sie allein die Situation in der Gruppe bewältigt. Sie kommt zweimal viel früher als vereinbart wieder zurück, woraufhin Anca noch einmal an die Vereinbarungen erinnert. Selbst als Mariella bereits einen halben Tag ohne ihre Muter in der Krippe verbringt, spürt Anca, dass die Mutter immer noch schwer Zutrauen in Mariellas Kompetenz findet, eine Weile ohne sie auszukommen. Anca macht der Mutter den Vorschlag, dass sie während des Vormittags einmal anrufen kann, um sich nach Mariellas Befinden zu erkundigen. Darüber hinaus sucht sie nach einem Weg, der Mutter anschaulich zu dokumentieren, wie es Mariella in dieser Zeit geht und wie sie den Vormittag in der Krippe verbringt. Sie fotografiert Mariella in unterschiedlichen Situationen, z. B. während des Freispiels oder beim Essen. Diese Fotos klebt sie in ein kleines Büchlein ein und versieht sie mit Datum, Uhrzeit und einem kurzen Kommentar. Damit möchte die Erzieherin darstellen, wie sie Mariella in dieser Situation erlebt und wahrgenommen hat. Dieses Büchlein stellt sie der Mutter vor. Anca zeigt ihr, wo sie es im Gruppenzimmer aufbewahrt, sodass sie es sich auf eigenen Wunsch heranholen kann.

*Anca im Gespräch mit Mariellas Mutter.*

Die Einbindung der geliebten Puppen in die gemeinsame Erkundung der Einrichtung nimmt Mariella sehr wach und engagiert auf. Sie erzählt viel darüber, was die Puppen alles können und was sie gern machen. Anca fotografiert im Beisein Mariellas die Puppen, wie sie die Gruppe und die anderen Räume erkunden. Das schließlich motiviert Mariella, sich auch fotografieren zu lassen; zunächst mit den Puppen und dann auch allein oder mit anderen Kindern.

Die Puppen bleiben noch viele Wochen in Mariellas Nähe. Aus den Fotos mit ihnen gestalten Anca und Mariella gemeinsam ein Buch. Dieses Buch zeigt das Kind begeistert, als die Mutter sie abholt. Anca regt an, dass Mariella es mit nach Hause nehmen könne und es auch dem Papa zeigen dürfe. Am darauffolgenden Tag bringt das Kind das Buch samt Puppen wieder mit. Sie „liest“ den Puppen daraus vor, indem sie auf die einzelnen Bilder zeigt und berichtet, was sie darauf jeweils gemacht haben. Mariella ist über das Buch beständig im Kontakt und Gespräch mit ihrer Bezugserzieherin, die auf ihren Wunsch die Erzählungen immer wieder ergänzen und erweitern soll. Anca zieht zu den gemeinsamen Buchbetrachtungen hin und wieder ein anderes Kind hinzu und lädt Mariella ein, diesem von den Puppen zu erzählen. Ab und an kommt es vor, dass das andere Kind ein Spielzeug in der Hand hält, und Anca macht auf dieses aufmerksam. Sie fragt das Kind beispielsweise: „Darf Mariella auch einmal mit dir spielen?“ So kommt es durch Ancas Begleitung und Unterstützung nach und nach zu Kontakten mit anderen Kindern, die irgendwann in kürzere oder längere Spielfrequenzen übergehen. Anca bleibt dabei immer in Reichweite, sodass Mariella jederzeit die Sicherheit hat, auf sie und ihre Nähe zurückgreifen zu können. Dadurch, dass zwischenzeitlich immer wieder einmal andere Kinder aus der Gruppe Anca aufsuchen, kommt Mariella per se in Kontakt mit diesen. Sie lernt dadurch auch, dass sie Ancas Aufmerksamkeit mit anderen Kindern teilen muss und dass sie sich dennoch ihrer Unterstützung und Begleitung sicher sein kann, wenn sie derer bedarf.

*Anca legt für Mariella ein „Puppen-Buch“ an, das ihren gemeinsamen Alltag in der Einrichtung zeigt. Mariella erzählt gern zum Buch.*

Die vermehrt auftretenden Spielkontakte mit anderen Kindern der Gruppe hält Anca fotografisch fest. Diese Fotos kommen auch in das Dokumentationsbüchlein für Mariellas Mutter.

Anca dokumentiert wichtige Aspekte des Tagesablaufs der einzelnen Kinder im Gruppentagebuch. Hier wird festgehalten, was und wie viel die Kinder essen, wie die Pflegesituation verlief und ob die einzelnen Kinder Stuhlgang hatten. Ebenso wird notiert, wie gut und wie lange die Kinder geschlafen haben oder welche weiteren Beobachtungen die Erzieherinnen während des Tages machen, die für die Eltern interessant sein könnten. Die Informationen aus diesem Gruppentagebuch geben die beiden Erzieherinnen in den täglichen Tür- und Angelgesprächen an die Eltern weiter. Ancas Mutter hilft es augenscheinlich, über all die wichtigen Dinge informiert zu werden, die sich ereignen, während sie nicht bei ihrer Tochter sein kann.

Nach einem Vierteljahr etwa, als Anca den sicheren Eindruck hat, dass Mariella gut in der Gruppe angekommen ist und mittlerweile problemlos und sogar zufrieden den Tag in der Krippe übersteht, schlägt sie Mariellas Mutter vor, sich zu einem Gespräch zusammenzufinden, um noch einmal darauf zu schauen, wie es Mariella und ihr nach den ersten Monaten in der Krippe geht. Sie lädt dazu beide Elternteile ein. Mariellas Vater ist jedoch zu diesem Zeitpunkt beruflich sehr eingebunden, sodass er nicht teilnehmen kann. Anca bringt zu dem

Gespräch das Gruppentagebuch sowie das Dokumentationsbüchlein mit. Sie bittet die Mutter, Mariellas Puppen-Buch mitzubringen.

Im Gespräch fragt Anca zunächst nach dem Eindruck, den die Mutter von Mariellas Wohlbefinden in der Krippe habe. Dazu dient ihr ein Fragenkatalog, den sie im Vorhinein zusammengestellt hat.

**Fragenkatalog für ein Gespräch nach der Eingewöhnung**

- Wie geht es Ihrem Kind, wenn Sie es morgens in die Einrichtung bringen?
- Wie geht es ihm, wenn Sie es wieder abholen?
- Wie geht es Ihnen selbst, wenn Sie Ihr Kind morgens bringen?
- Wie geht es Ihnen, wenn Sie es abholen?
- Fühlen Sie sich gut informiert über die Dinge, die Mariella in der Krippe erlebt?
- Fühlen Sie sich gut informiert über Mariellas Wohlbefinden in der Krippe?
- Gibt es etwas, worüber Sie sich noch mehr Informationen oder Austausch wünschen?
- Stellen Sie irgendwelche Veränderungen bezüglich Mariellas Entwicklung fest?

Anhand dieser Fragen können sowohl Anca als auch die Mutter jeweils aus ihrer Perspektive über Beobachtungen, bestimmte Wahrnehmungen und Einschätzungen berichten. Anca kann anhand ihrer vielfältigen Dokumentationsmaterialien sehr anschaulich machen, was sie an Eindrücken schildert. Die Mutter ergänzt Ancas Berichterstattung durch ihre Erfahrungen. Dabei erfährt Anca sehr viel über Mariellas familiäres Umfeld, aber auch über ihr Verhalten zu Hause. Ebenso erhält sie einen Eindruck davon, wie Mariellas Mutter ihr Kind sieht und welche Bindungsqualität zwischen dem Kind und seinen Eltern gegeben ist.

Die Mutter ist sehr beruhigt, nachdem sie gehört und auf Fotos gesehen hat, dass sich ihre Tochter in der Gruppe wohlfühlt und dass sie die Herausforderungen des Alltags in der Krippengruppe gut bewältigt. Ebenso freut sie, dass Mariella ab und zu bereits mit anderen Kindern spielt. Davon kann sie anhand der Bilder ganz konkrete Eindrücke gewinnen. Mariellas Mutter ist so begeistert und froh über das, was sie im Gespräch erfährt und sieht, dass sie Anca bittet, das Dokumentationsbüchlein mit nach Hause nehmen zu dürfen, um es ihrem Mann zu zeigen. Anca stimmt gern zu.

### Wie kann die Projektdokumentation aussehen?

Zunächst dient der Leitfaden, den Anca für das Gespräch zur Gestaltung der Eingewöhnung und zum Erfragen von Mariellas Gewohnheiten vorbereitet hat, als Wegweiser für den Austausch mit der Mutter. Den ausgefüllten Fragebogen mit den Hinweisen zu den Gewohnheiten des Kindes heftet sie in ihrem Gruppenordner ab. Damit hat sie zugleich eine Gesprächsdokumentation. In diesem Ordner werden Informationen zu allen Kindern aus der Gruppe gesammelt. Dazu heftet sie die Vereinbarungen mit der Mutter bezüglich der Bring- und Abholzeiten. Indem derartige Informationen festgehalten und strukturiert abgelegt werden, haben auch andere Kolleginnen die Möglichkeit, sich mit diesen wichtigen Inhalten vertraut zu machen, wenn eine Bezugserzieherin plötzlich erkrankt oder aus anderen Gründen unerwartet ausfällt.

Das Puppen-Buch dient Mariella selbst zur Dokumentation ihrer Eindrücke und Erlebnisse während ihrer ersten Tage in der Krippe. Auf diese

*Je wohler sich Mariella fühlt, desto entspannter und sicherer wird auch die Mutter.*

*Die Puppen werden nicht mehr gebraucht.*

kann sie jederzeit zurückgreifen, sich erinnern und über das Buch mit ihrer Bezugserzieherin und anderen Kindern ins Gespräch kommen. Es dient also auch der Kontaktaufnahme und Beziehungsförderung.

Das Dokumentationsbüchlein, in dem die Erzieherin wertvolle Beobachtungen von Mariella im Alltag und wichtige Entwicklungsschritte festhält, bietet den Eltern die Möglichkeit, an den Erlebnissen ihrer Tochter in der Krippe teilzuhaben – also auch an den Erfahrungen, die das Kind in ihrer Abwesenheit macht. Es informiert über Mariellas Entwicklung und Wohlbefinden und bietet Anlass für den Austausch zwischen Eltern und Erzieherin. Dieser kann in einem Gespräch nach der Eingewöhnung sowie in den regelmäßig stattfindenden Entwicklungsgesprächen erfolgen. Darüber hinaus dient das Büchlein auch dazu, dem Kind seine eigenen Fortschritte anschaulich und sich selbst und die eigenen Kompetenzen bewusstzumachen sowie es dadurch in seinem Selbstbewusstsein und Selbstvertrauen zu stärken.

Das Gruppentagebuch dient der Dokumentation der alltäglichen Vorkommnisse, über die Eltern informiert sein sollten. Werden wichtige Informationen zur Ernährung, Stuhlgang, Schlaf und Wohlbefinden des Kindes schriftlich fixiert, werden sie gesichert und können nicht verlorengehen. Auch diese Berichte garantieren, erforderliche Hinweise bereitstellen zu können, wenn die Bezugserzieherin nicht anwesend sein sollte.

## Wir schauen zurück – Projektauswertung

Durch die gezielte Planung der Eingewöhnung Mariellas in die Kinderkrippe im engen Austausch mit der Mutter gelang es Anca, dem Kind wertvolle und zuverlässige Unterstützung und Begleitung in die neue Umgebung und die neuen Abläufe zu bieten. Mariella konnte über die sensible und abwartende Haltung vonseiten ihrer Bezugserzieherin die Erfahrung machen, dass sie dieser Vertrauen schenken kann und Anca nichts tut, wozu Mariella (noch) nicht bereit ist. Die anfängliche Begleitung durch die Mutter war ihr dabei eine wertvolle Stütze. Durch die Anwesenheit dieser vertrauten Bindungsperson gelang es Mariella immer besser, sich auf die neue Bezugsperson einzulassen und dieser ihr Vertrauen zu schenken. Sie war zunehmend bereit, den Abläufen in der Gruppe in Begleitung ihrer Bezugserzieherin nachzukommen und diese aktiv mitzugestalten.

Die regelmäßigen und immer wiederkehrenden Elemente im Tagesablauf boten Mariella Halt und Orientierung. Sie konnte sich im Tagesgeschehen zurechtfinden, da sie zunehmend besser herausfand, was wann passierte und wann ihre Mama sie wieder abholen kam. Die wachsende vertrauensvolle Beziehung zwischen ihrer Mutter und der Bezugserzieherin halfen Mariella ebenso, sich den noch fremden Erwachsenen und Kindern sowie der neuen Umgebung anzuvertrauen.

Mariellas Puppen und die gezielte Einbeziehung dieser Übergangsobjekte erwiesen sich als große Stütze für das Ankommen in der Einrichtung. Sie förderte die Kontaktanbahnung mit anderen Kindern und die Beziehungsgestaltung zu ihnen, insbesondere aber auch zu Anca.

Der Gesprächsleitfaden zur Eingewöhnung und der Fragebogen zu den Eigenarten Mariellas boten Anca eine gute Struktur für das Gespräch mit der Mutter. Sie stellte ihre Erfahrungen damit im Gesamtteam vor, merkte jedoch dabei an, dass es einiges erleichtert hätte, ein Gespräch mit dieser Intensität viel früher, bereits zur Aufnahme des Kindes zu führen. Das Team vereinbarte, ein solches Gespräch sowie die erarbeitete Struktur für alle neuen Aufnahmen in den Gruppen zu übernehmen.

Die sehr positiven Erfahrungen, die Anca mit dem Dokumentationsbüchlein machte, veranlassten sie, diese

## Leitfaden für das Aufnahmegespräch in der Krippe

### Gestaltung der Eingewöhnungsphase

- Vorstellen der Bezugserzieherin
- Darstellung der elterlichen Beteiligung während der Eingewöhnung
- Hinweis auf die feinfühlige Kontaktaufnahme durch die Erzieherin
- allmähliche Übernahme der sensiblen Elemente im Tagesablauf durch die Erzieherin
- zunehmende Steigerung der Aufenthaltsdauer in der Krippe
- langsame Ausdehnung der Trennungsphasen während der Eingewöhnung
- Vereinbarungen zur Verlässlichkeit bezüglich des Bringens, der Verabschiedung bei Trennungen, des Einhaltens der Trennungsphasen, der Rückkehr in die Gruppe und des Abholens
- Hinweis darauf, dass die Eltern die wichtigsten Bindungspersonen für das Kind bleiben werden und die Erzieherin ihnen das Kind nicht entfremden will

### Informationen über das Kind

- Hat das Kind bereits Erfahrungen in der Fremdbetreuung? Welche?
- Wie zeigt es sich gegenüber anderen Kindern und Erwachsenen? Eher interessiert oder eher zurückhaltend?
- Hat das Kind Geschwister?
- Was gibt es sonst noch zur Familienkonstellation zu sagen?
- Wie sieht der Tagesablauf des Kindes aus?
- Welchen Schlafrhythmus hat das Kind? Kann das Kind gemäß seinem Schlafbedürfnis schlafen, oder legen die Eltern die Schlafzeiten fest?
- Gibt es beim Essen, bei der Pflege, beim Einschlafen oder Aufwachen Rituale, die dem Kind Sicherheit vermitteln?
- Wie sieht die derzeitige Ernährung des Kindes aus? Wird es noch gestillt? Was mag es gerne?
- Ist es an bestimmte Essenszeiten gewöhnt? Isst es schon allein, oder wird es noch gefüttert?
- Was gibt es sonst noch zur Ernährung zu sagen?
- Welche Windeln bekommt das Kind? Wird es leicht wund?
- Gibt es gesundheitliche oder medizinische Aspekte, auf die zu achten sind?
- Wurde regelmäßig den U-Untersuchungen nachgekommen? Welche Impfungen hat das Kind bereits?
- Gibt es einen Lieblingsgegenstand, der dem Kind beim Übergang helfen kann (Kuscheltier, Fläschchen, Schnuller, Kissen etc.)?
- Gibt es Regeln, die das Kind aus seiner Familie kennt?
- In welcher Sprache wird in der Familie gesprochen (bei interkulturellem Hintergrund)?

## Portfolio für ein Krippenkind

### Gliederungspunkte

- das Kind und seine Familie
- Spielpartner des Kindes
- besonders geliebte Beschäftigungen in der Krippe
- Entwicklungsschritte des Kindes
- Stationen der Eingewöhnung und/oder abschließende Reflexion derselben
- Lerngeschichten
- Abschiedswünsche beim Verlassen der Krippe

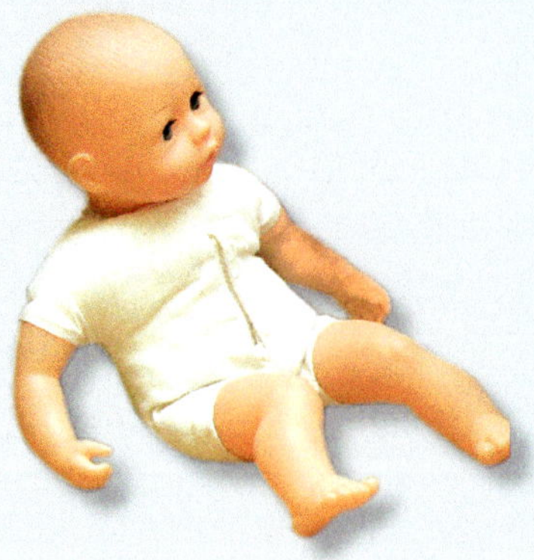

Projektidee für alle Kinder zu übernehmen. Sowohl das Kind als auch seine Eltern profitierten sehr davon. Auch wurde damit für sie als Erzieherin eine gute Grundlage zur Entwicklungsbeobachtung und -dokumentation geschaffen, die sie unbedingt für alle künftigen Entwicklungsgespräche mit den Eltern einsetzen möchte. Mit der gewählten Form eines Büchleins, in das hineingeschrieben und auch vieles hineingeklebt wurde, war sie allerdings nicht sehr zufrieden. Je voller das Buch wurde (durch Fotos, Kritzeleien und Zeichnungen des Kindes etc.), umso schwieriger wurde es, dieses zu handhaben. Die Erzieherin möchte deshalb künftig Ordner benutzen, in die sie Inhalte je nach Bedarf hinzufügen oder auch umordnen kann. Sie stellt sich vor, darin entsprechende Kategorien anzulegen.

Ancas Erfahrung mit dem hohen Zuspruch auf das Dokumentationsbüchlein durch Mariellas Mutter, die immer wieder einmal im Alltag nach dem Büchlein fragte, veranlasste sie zu der Überlegung, im Gruppenraum ein Regal anzubringen, in dem alle Dokumentationsordner bzw. Portfolios Platz finden sollten. Das Regal soll jedoch auf einer Höhe angebracht werden, in der auch die Kinder selbst Zugriff auf ihren Ordner haben. Auf der Rückseite der Ordner soll ein Foto des jeweiligen Kindes angebracht werden, damit diese ihre eigenen Entwicklungsbücher identifizieren können.

Anca ist es jedoch wichtig, dass Eltern nur den Ordner ihres eigenen Kindes einsehen. Darüber müssen die Eltern informiert werden.

Beim nächsten Gruppenelternabend möchte sie die Einführung und Handhabung der Portfolios thematisieren.

Anca berichtete auch im Team von ihren Erfahrungen mit dem Gespräch nach Mariellas Eingewöhnung. Sie machte deutlich, dass es dazu beitrug, das Band des Vertrauens zwischen Mariellas Eltern und ihr als Bezugserzieherin enger zu knüpfen. Anca wurde klar, dass es Sinn macht, dieses Vorgehen als Standard ins Eingewöhnungsprogramm in ihrer Gruppe aufzunehmen. Einige Kolleginnen wurden neugierig und wollten diese Gesprächsform in ihre Arbeit einführen. Man verständigte sich im Team darauf, über die nächsten sechs Monate Erfahrungen damit zu sammeln und danach darüber zu entscheiden, ob dieses Verfahren für die gesamte Einrichtung standardisiert übernommen werden soll. Insbesondere soll dabei beobachtet werden, wie hoch der zeitliche Faktor bei der Umsetzung ist und wie sich dieser Vorschlag in die bisherigen Abläufe integrieren lässt.

### Welche Vernetzungen mit anderen Bildungsbereichen lassen sich erkennen?

Durch die ritualisierten Abläufe in der Krippe konnte Mariella wichtige Erfahrungen bezüglich zeitlicher Dimensionen und Abläufe machen. Sie konnte ein Gefühl dafür entwickeln, wann und in welcher Reihenfolge was passiert und wie lange die jeweiligen Elemente im Tagesablauf dauern bzw. wie lange es dauert, bis sie wieder abgeholt wird.

Darüber hinaus gewann das Kind an räumlicher Orientierung. Anca begleitete sie immer wieder durch den Gruppenraum und in die anderen Räume des Hauses. Die konstanten örtlichen Voraussetzungen ermöglichten dem Kind, sich innerhalb seiner Gruppe zu orientieren. Dazu trug unter anderem bei, dass alles immer an derselben Stelle wiederzufinden war und dass das Umfeld stets überschaubar gestaltet war.

Mariella verbesserte dabei ihre Wahrnehmungskompetenzen. Besondere Förderung erfuhr der visuelle Sinn (Orte, Raumnischen, Spielzeuge oder auch seinen eigenen Platz an der Garderobe anhand des Fotos wiedererkennen) und der akustische Sinn (Signale erkennen, etwa durch immer wiederkehrende Lieder und Reime vor den Mahlzeiten).

*Mariella fühlt sich in der neuen Umgebung sicher, sie wendet sich neugierig den Dingen zu, die es zu entdecken gibt.*

Vor allem konnte das Kind seine sprachliche Kompetenz erweitern. Durch die regelmäßige und wohlwollende Ansprache durch ihre Bezugserzieherin wurde es ermutigt, sich selbst mitzuteilen. Dazu trug das Einbinden der Puppen einen großen Teil bei. Über dieses vertraute Objekt war es dem Kind möglich, unbefangen von sich, seinem Wissen und seinen Erfahrungen zu erzählen. Es ermöglichte ihm darüber hinaus den Zugang zu und den Austausch mit anderen Kindern. Mariellas Mitteilungs- und damit Kommunikationsfreude und -fähigkeit wurde maßgeblich gefördert. ◀

# Zwerge bezwingen Berge

## Ein Projekt für Kinder im Alter von 0 bis 3 Jahren

Text: Edith Ostermayer | Fotos: Anja Doehring

Autonomie zu erlangen, ist eine der wichtigsten Entwicklungsaufgaben von Kindern unter drei Jahren. Junge Kinder sind sehr bestrebt, die Dinge, die sie tun, allein zu bewältigen. Immer aufs Neue suchen sie sich Herausforderungen, die sie an ihre Grenzen bringen und ihre Fähigkeiten erweitern. Nur über stetes Ausprobieren und Üben können sie ihre Kompetenzen entwickeln und ausbauen. Erzieherinnen sind Tag für Tag aufs Neue herausgefordert, feinfühlig abzuwägen zwischen dem, was die Kinder in ihrer Entwicklung unterstützt, und dem, womit sie sich möglicherweise in Gefahr bringen. Diesen Spagat zu bewältigen, zeugt von einem hohen Maß an Professionalität.

**Altersgruppe**
Kinder im Alter von 0 bis 3 Jahren

**Räumliche Voraussetzungen**
- Räume in der Krippe (Gruppenraum, Turnraum, Flur etc.)
- Außengelände
- Wald und Natur

**Materialien**
- Spiel-, Beschäftigungs- und Bewegungsmaterial in den Räumlichkeiten der Einrichtung und im Außenspielbereich
- Gegenstände und Gegebenheiten in der Natur
- Notizblock und Stifte
- Kamera

## Wie kam es zu dem Projekt?

In einer Kinderkrippe beobachten die Erzieherinnen im Außengelände, wie ein- und zweijährige Kinder sich darin versuchen, einen Hügel hinaufzuklettern. Die zwei Einjährigen probieren das in der Krabbelposition, die beiden Zweijährigen können, da sie schon sicher aufrecht gehen, zunächst freihändig mit dem Aufstieg beginnen. Doch je steiler der Hügel wird, umso eher gehen auch die Älteren auf allen vieren weiter. Inken und Karla, die das Geschehen beobachten, reagieren sehr unterschiedlich darauf. Karla ist ängstlich. Sie befürchtet, dass die Jüngeren das Gleichgewicht verlieren und rückwärts hinunterpurzeln könnten. Inken dagegen ist zuversichtlich, dass sie diese Aufgabe, die sie sich selbst gestellt haben, bewältigen werden. Der Erfolg der Kinder gibt Inken recht. Alle vier Kinder kommen, zwar mit unterschiedlichen Methoden und zu unterschiedlichen Zeitpunkten, jedoch sicher und heil oben an. Sie strahlen und freuen sich.

Die Zweijährigen wollen sofort auch das Hinabsteigen probieren. Sie laufen vorwärts den Hügel hinunter. Doch bald merken sie, dass der Untergrund schräg und nicht allzu sicher ist. Sie nehmen sich an den Händen und gehen vorsichtig, einen Fuß vor den anderen setzend, langsam den Hügel hinunter.

Die zwei Einjährigen dagegen stehen vor einer besonderen Herausforderung. Einer von beiden krabbelt den Hügelabgang an und wird unsicher, als er nach unten schaut. Sogleich dreht er sich um und krabbelt vorsichtig, aber sicher, rückwärts den Hang hinunter, ohne sich dabei umzuschauen. Das andere Kind, Tobias, hält oben an der Hügelkuppe inne. Es schaut hinab und sucht den Blick der Erzieherinnen. Diese bleiben an Ort und Stelle stehen und warten ab, was Tobias macht. Karla verspürt den Impuls, ihn sogleich herunterzuholen. Tobias schaut wieder nach unten und sieht den mittlerweile beinahe unten angelangten Paul. Er fängt an zu weinen, so lange, bis Karla zu ihm hinaufkommt und ihn hinunterträgt.

In ihrer Mittagspause unterhalten sich Inken und Karla noch einmal über diese Situation. Sie überlegen, ob sie sich richtig verhalten haben. Karla glaubt, sie hätten Tobias nicht so hoch hinaufklettern lassen sollen. Inken dagegen ist der Ansicht, sie hätten anders reagieren sollen, als Tobias etwas hilflos ihre Aufmerksamkeit und Unterstützung suchte.

## Welche Ziele hat das Projekt?

Inken möchte herausfinden, ob sie durch unterstützenderes Verhalten ihrerseits Tobias nicht doch hätte dazu ermutigen können, den Abstieg selbst zu versuchen.

Die beiden Erzieherinnen nehmen sich vor, ihr Augenmerk in den nächsten Tagen etwas genauer auf das zu richten, was sich Kinder in der Krippe als Herausforderungen suchen. Welcher Art sind diese? Sie wollen zudem beobachten, wie und ob die Kinder diese dann auch allein bezwingen können. Inken und Karla wollen sich bemühen, die Kinder in ihren Bestrebungen nach Autonomie zu unterstützen. Gleichzeitig möchten sie erfahren, wie sich ein ermutigendes Verhalten vonseiten der Erzieherinnen auf die einzelnen Kindern auswirkt. Sie hoffen, die Kinder ihrer Gruppe besser in ihrem Selbstvertrauen und ihrer Autonomie unterstützen zu können. Die Kinder sollen Gelegenheit bekommen, eigene Bewältigungs- und Lösungsstrategien zu entwickeln, die auf sie und ihren Entwicklungsstand passen und mit denen sie sich sicher fühlen. Gleichzeitig sollen sie ein Gespür dafür entwickeln, wie weit ihre Fähigkeiten gehen und wo ihre Grenzen liegen. Sie sollen damit eigenständig und verantwortlich umgehen lernen. Auch dadurch werden sie in ihrer Autonomie gestärkt.

*Das eigene Risikoempfinden bestimmt den Rahmen dessen mit, was man Kindern zutraut. Man sollte es darum kennen.*

Die Kinder sollen sich dabei Herausforderungen nach ihren individuellen Interessen und Bedürfnissen suchen bzw. sich diesen stellen. Das unterstützt ihr Explorationsstreben und die Motivation, den Dingen dieser Welt zu begegnen. Das wiederum schafft gute Voraussetzungen für sämtliche Bildungsprozesse. Durch das eigenständige Bewältigen selbstgestellter Aufgaben wollen die Erzieherinnen den Kindern Erfolgserlebnisse ermöglichen. Diese sollen wiederum Antrieb zu weiterem Erkunden und Lernen verleihen und die Kinder in ihrem Selbstbewusstsein stärken.

### Wie sieht die Planung aus?

Was muss vorbereitet, organisiert und beschafft werden? Inken und Karla werden in der kommenden Woche gezielt beobachten, wie die Kinder mit den Spielmaterialien, aber auch mit ihrer räumlichen Umgebung umgehen sowie wo und was sie sich an Herausforderungen suchen. Dabei soll beobachtet werden, was Objekte ihres Interesses sind, aber auch wie die Kinder damit interagieren. Es soll schriftlich festgehalten werden, welche Aufgaben sie sich stellen und wie sie diese bewältigen. Die Beobachtungen wollen die beiden Kolleginnen in Kurzprotokollen niederschreiben. Dazu haben sie Notizblöcke und Bleistifte bereitliegen. Im nächsten Treffen des Gruppenteams werden sie sich über ihre Beobachtungen austauschen und diese analysieren. Für sie wird wichtig sein, ob sie ihr Materialangebot im Gruppenraum und Außengelände möglicherweise verändern oder darüber hinaus Kindern andere Herausforderungen ermöglichen wollen. Immer wieder werden sie die Kinder beobachten und sich darüber im wöchentlichen Gruppenteam austauschen.

*Erfolgserlebnisse sind der Motor der kindlichen Entwicklung.*

Sie wollen sich in den nächsten Tagen ebenso intensiv selbst beobachten: wie sie zum Beispiel auf Autonomiebestrebungen von Kindern reagieren, was sie als Erzieherinnen in den entsprechenden Situationen sagen und wie sie handeln. Diese Aspekte sollen ebenfalls gemeinsam reflektiert und ausgewertet werden.

Inken und Karla sehen dieses Vorhaben als ein Projekt für ihre Gruppe, können sich aber auch vorstellen, dass es sich auf die gesamte Krippeneinrichtung ausweitet. Sie informieren ihre Kolleginnen im Gesamtteam über ihr Projekt und schlagen vor, diese an ihren Erfahrungen teilhaben zu lassen. Das Team ist sehr gespannt auf ihr Vorhaben.

Das Projekt selbst findet über den ganzen Tagesablauf hinweg statt. Jegliche Stationen und Situationen sollen in den Blick genommen werden. Als Zeitrahmen sehen Inken und Karla zunächst ein Vierteljahr vor, wobei sie offen dafür sind, diesen Rahmen zu erweitern. Nach dem ersten Vierteljahr soll im Gesamtteam eine ausführliche Präsentation der Beobachtungen und Erkenntnisse und deren Auswertung stattfinden.

*ErzieherInnen müssen manchmal erst lernen, wann Kinder ihre Hilfe nicht benötigen.*

## Kompetenzen im Blickpunkt

**Ganzheitliche Förderung:**

- soziale und emotionale Kompetenzen
- positives Erleben der eigenen Fähigkeiten
- Explorationsstreben und Lernmotivation
- eigenständige Bewältigungsstrategien
- Selbstvertrauen
- Selbstbewusstsein

**Spezielle Förderung:**

- Autonomie
- Identität und Ich-Bewusstsein

## Kooperation mit Eltern

**Aktives Einbeziehen:** Elternbrief zur Information über Projektvorhaben, Weitergabe und Austausch der Erfahrungen in den Entwicklungsgesprächen, Elternabend

**Dokumentation:** Beobachtungsprotokolle, Anlegen eines Beobachtungsordners zum Projekt mit Registern für jedes einzelne Kind und jede Erzieherin, Fotografieren, Fotowand im Flur mit Kommentaren durch die Erzieherinnen, PowerPoint-Präsentation über die im Projekt gesammelten Erfahrungen im Rahmen eines Elternabends

### Wie sieht die Umsetzung des Projektes aus?

Inken und Karla verfassen einen Elternbrief, in dem sie ihr Projekt ankündigen. Ihr Vorhaben begründen sie mit einzelnen Beobachtungen bei Kindern. Sie weisen darauf hin, dass in den nächsten Entwicklungsgesprächen ausführliche Informationen darüber erfolgen werden, wie das jeweilige Kind bei diesem Projekt mitgewirkt hat und wie sich umgekehrt das Projekt auf die Entwicklung des Kindes ausgewirkt hat. Sie versichern den Eltern, verantwortungsbewusst mit dem Projektthema umzugehen. Oberstes Ziel sei, die Kinder in ihrer Entwicklung zu unterstützen.

In den nächsten Tagen und Wochen beobachten Inken und Karla folgende Situationen:

- Freispiel im Außengelände
- Waldtage
- Hantieren mit Spielsachen in der Gruppe (Bausteine, Steckwürfel, Kartons etc.)
- Umgang mit Bewegungsmaterialien im Turnraum (Kletterwand, Bällchenbad, große Schaumstoffbausteine, Turnmatten, Reifen, Kriechtunnel)
- Wickelsituationen
- gemeinsame Essenssituationen
- Schlafenssituationen

An den folgenden Beispielen sollen einige konkrete Beobachtungen veranschaulicht werden.

An den Waldtagen machen Inken und Karla ähnliche Beobachtungen wie neulich am Hügel im Außengelände. Für die Kinder ist besonders interessant, irgendwo hinaufzuklettern (Hänge, Baumstämme) und wieder hinunterzuhüpfen, -steigen, -rutschen oder -rollen. Da die Erzieherinnen bemerken, wie viel Spaß die Kinder dabei haben, lassen sie das ganz bewusst zu. Da die Kinder gut mit wetter- und schmutzfester Kleidung ausgestattet sind, droht diesbezüglich ohnehin keine Gefahr. Die Waldtage gehören zum regelmäßigen Wochenablauf in der Krippe und die Eltern sind gut darauf eingestellt.

Zwei Jungen wollen sogar den Bollerwagen mit den Getränken einen Waldhang hochziehen, fernab vom Weg. Inken und Karla beobachten, dass die beiden das nicht schaffen und auch selbst nach Unterstützung rufen. Sofort eilen noch drei weitere Kinder herbei. Es ist nun immer noch schwierig zu bewältigen, aber nach einiger Zeit kommen sie nass geschwitzt oben am Weg an, wo die anderen Kinder mit den Erzieherinnen mittlerweile angelangt sind.

An der Kletterwand im Turnraum zeigen zwei Dreijährige, wie hoch sie schon klettern können. Ein knapp zweijähriges Mädchen versucht, ihnen in einem ruhigen Moment nachzueifern. Dabei setzt es vorsichtig einen Fuß neben den anderen und schaut immer wieder über die Schulter zu Inken. Inken merkt das und spricht das Kind an: „Ja, ich sehe dich, Louisa." Sie geht zur Kletterwand und bleibt bei ihr stehen: „Du willst da hinauf, ja? Ich bin da. Versuch 's mal." Oben angelangt strahlt ihr Louisa entgegen. Sie schaut hinunter und hält inne. Unsicher blickt sie Inken an. Diese erinnert sich an die Situation vor ein paar Tagen mit Tobias draußen am Hügel. Inken sagt erneut: „Ich bin da. Versuch es ruhig." Louisa setzt wieder vorsichtig einen Fuß nach dem anderen abwärts. Sie nimmt sich viel Zeit. Als sie unten ankommt, hüpft sie an Inken hoch, freut sich und ist mächtig stolz.

Beim gemeinsamen Frühstück stehen gefüllte Teekannen auf dem Tisch. Bislang schenken die Erzieherinnen den Kindern immer den Tee ein. An einem Vormittag möchte ein knapp zweijähriges Mädchen sich selbst einschenken, hebt die Kanne und merkt, dass diese zu schwer ist. Karla will ihr

#### Projektdurchführung

**Methoden:** systematische, strukturierte Beobachtungen von Kindern und erzieherischem Verhalten, Beobachtungsprotokolle, Reflexionsgespräche im Gruppen- und im Gesamtteam, Zurückhaltung im pädagogischen Alltag mit den Kleinen, Ermutigung zur Selbsttätigkeit, Gewähren von Sicherheit/ Beistand

**Zeitablauf:** kontinuierliche Beobachtungen über die Dauer von drei Monaten, regelmäßiger Austausch und Auswertung der Beobachtungen im Gruppenteam, Präsentation der Erfahrungen im Gesamtteam, Elternabend, Integration der Erfahrungen in die pädagogisch-konzeptionelle Arbeit der Einrichtung

#### Reflexion und weitere Initiativen

- Zielsetzungen wurden sogar übertroffen durch unerwarteten Erkenntnisgewinn
- Projekt wurde auf die gesamte Einrichtung ausgeweitet
- Projektthema am Planungstag vertieft
- Elternabend zum Projektthema
- Beobachtungskompetenzen der Erzieherinnen erweitert
- pädagogische Kompetenzen der Erzieherinnen und Qualität der Einrichtung insgesamt verbessert

*Gemeinsam schafft man vieles.*

sofort die Kanne abnehmen. Inken sieht das und lenkt ein. „Lass uns noch eine leere Kanne holen und den Tee über zwei Kannen aufteilen. Dann sind sie leichter, und die Kinder können es besser allein schaffen, sich einzuschenken.“

### Wie kann die Projektdokumentation aussehen?

Inken und Karla machen sich sehr viele Notizen zu ihren Beobachtungen – denen der Kinder und denen an sich selbst. Die Gruppenteamsitzungen sind meist zu kurz, um sich wirklich intensiv über alles auszutauschen. Sie legen sich einen Ordner an, in dem alle Notizen gesammelt werden und heften jeweils für jedes Kind und auch für sich selbst ein Register ein. So kann jede von den beiden in Ruhezeiten, z. B. wenn die Kinder schlafen, etwas aufschreiben oder lesen, was bisher an Beobachtungen darin gesammelt wurde. Auf die Register kommt oben drauf ein Blatt mit den unterschiedlichen Bereichen, auf die sie achten wollen. Jedes Mal, wenn sie eine Beobachtung einheften, machen sie einen Strich hinter den jeweiligen Bereich, der in der entsprechenden Notiz berührt wird. Anhand dieser Übersicht können sie gezielt auswerten, wie viele Erfahrungen in den verschiedenen Bereichen bisher gemacht wurden und wo sie möglicherweise noch mehr beobachten sollten. Dennoch müssen sie einen der zwei Planungstage, die eigentlich für das gesamte Team gedacht waren, zur Auswertung ihres persönlichen Ordners verwenden. Das muss vorher mit dem Team vereinbart werden.

Die Beobachtungen zu den einzelnen Kindern sollen als Grundlage für die nächsten Entwicklungsgespräche genutzt werden. Inken meint, dass es schöner wäre, wenn man den Eltern Situationen anhand von Fotos veranschaulichen könnte. Also besorgen sie sich eine Kamera, die sie in ihrem Gruppenzimmer bereitlegen und die auch bei den Waldtagen mitgenommen werden kann.

Nachdem sie einige Fotos gesammelt haben, die die Autonomiebestrebungen der Kinder deutlich machen, aber auch deren Bewältigungsversuche von Herausforderungen, stellen sie am Planungstag eine Fotowand für die Eltern zusammen, die im Flur der Krippe ausgehängt wird. Diese Fotowand schließlich weckt bei etlichen Eltern Interesse. Sie wollen wissen, wie sich das Projekt entwickelt, wie es ihren Kindern bei dem Projekt geht und was die Erzieherinnen schon alles beobachtet und festgestellt haben. Die Leiterin bemerkt das und schlägt den beiden Erzieherinnen vor, aufgrund dieses großen Interesses doch einen Elternabend zu ihrem Projekt anzubieten. Schließlich gehe es um wichtige Fragen frühkindlicher Entwicklung. Darüber müssen die beiden erst noch einmal nachdenken.

### Wir schauen zurück – Projektauswertung

Inken und Karla stellten fest, dass es zahlreiche Situationen im Tagesgeschehen der Kinderkrippe gab, die für die Kinder Anlass boten, ihre Autonomie zu entwickeln. Sie konnten beobachten, dass es oftmals die kleinen alltäglichen Handlungsabläufe sind, in denen Erwachsene die Kinder in diesem Bereich einschränken. Sie selbst bemerkten, dass sie in bestimmten Situationen eine ungünstige Erwartungshaltung zeigten, die lautete: „Das kannst du noch nicht.“

Die beiden hatten erfahren, dass ihr Verhalten als Erzieherin dann förderlich war, wenn sie die Situationen in der Krippe so gestalten konnten, dass die Kinder die größtmögliche Chance hatten, sich selbst auszuprobieren und selbst tätig zu werden. Das Beispiel mit der Teekanne machte dies sehr deutlich. Ebenso erkannten sie, dass sie das Entwicklungsalter der Kinder und deren individuellen Entwicklungsstand berücksichtigen mussten. Davon hing ab, wie viel sie dem einzelnen Kind zumuten und zutrauen konnten.

Die Erzieherinnen erlebten immer wieder, wie wichtig ihr eigenes Zutrauen in die Kompetenzen der Kinder war. Wo Kinder dies spürten, hatten sie viel größere Chancen, Aufgaben zu bewältigen. Eine weitere wichtige Erfahrung war für Inken, dass sie einem Kind sehr wohl durch ermutigendes und unterstützendes Verhalten, welches dieses nicht einschränkt, ihm aber Sicherheit gibt, zur eigenständigen Bewältigung von Aufgaben verhelfen konnte. Dies wurde deutlich, als Louisa die Kletterwand hinauf- und herabstieg. Insbesondere Karla wurde deutlich, dass sie die Kinder in viel zu vielen Situationen durch ihre eigene Ängstlichkeit und Unsicherheit einschränkte. Immer dann, wenn Kinder eine Herausforderung bewältigt hatten, konnte man beobachten, wie sie sich sehr bald einer neuen stellten. Somit zeigte sich, dass Erfolg tatsächlich als Motor für Bildung und Entwicklung wirkt.

*Berge zu bezwingen, fällt kurzen Beinchen schwer.*

Was das Materialangebot in ihrer Gruppe anbelangte, stellten Inken und Karla fest, dass dieses den Kindern nur eingeschränkte Experimentiermöglichkeiten bot. Sie wollten es deswegen nicht aus der Gruppe entfernen, den Kindern jedoch einräumen, auch anders damit umzugehen, als sie sich das als Erwachsene vorstellten. Darüber hinaus beschlossen sie, das Repertoire an Spielzeug für die Zukunft durch alltägliche Gebrauchsgegenstände wie Dosen, Becher, Pinsel, Schöpfkellen, Kartons etc. zu erweitern, die zu einem vielfältigen Umgang einladen und das Erfahrungsspektrum der Kinder ausdehnen.

Auf den Vorschlag der Leiterin, einen Elternabend anzubieten, reagierten die beiden zunächst zögerlich. Doch dann wurde dieser Abend mithilfe und Unterstützung der Leitung geplant und umgesetzt, die einführend entwicklungspsychologische Aspekte zur Bedeutung frühkindlicher Autonomie vorstellte. Danach berichteten Inken und Karla anhand von Fotos, die sie über einen Beamer präsentierten, über Situationen aus ihrem Projekt. Die Fotos zeigten die Kinder während ihrer Herausforderungen und welche Wege sie dabei gegangen waren. Sie ließen auch erkennen, wie froh und stolz die Kinder waren, wenn sie etwas geschafft hatten. Die beiden Erzieherinnen verwiesen auf ihre Erkenntnis, wie wichtig das Verhalten der Erwachsenen ist und welchen Einfluss es auf die Entwicklungschancen der Kinder hat.

Dieser Elternabend bot die Initialzündung dafür, dem Thema „Förderung frühkindlicher Autonomie“ in der Arbeit der gesamten Krippe neue Aufmerksamkeit zu sichern und ihm innerhalb der didaktischen Konzeption einen besonderen Stellenwert zu geben. Die pädagogische Arbeit der Einrichtung gewann an Qualität.

Die Erzieherinnen konnten ihre Beobachtungskompetenzen erweitern und vertiefen. Sie erlangten durch kontinuierliche Reflexion ihrer Haltung und ihres Verhaltens gegenüber den Kleinkindern und Säuglingen an Professionalität.

### Welche Vernetzungen mit anderen Bildungsbereichen lassen sich erkennen?

Die Entwicklung der Autonomie spielt eine ganz entscheidende Rolle für den Bildungsbereich Emotionalität und soziale Beziehungen. Sie stärkt das Selbstvertrauen der Kinder und ihr Selbstbewusstsein. Ebenso berührt sie den Aspekt der Eigenverantwortlichkeit. Erst wenn Kinder eigenverantwortlich zu handeln lernen, können sie auch für andere Verantwortung übernehmen. Dieser Aspekt ist demnach Voraussetzung für das soziale Miteinander. Autonomie trägt zur Identitätsbildung bei. Wenn Kinder ein Bild von sich und ihren Kompetenzen und Möglichkeiten haben, können sie mit anderen Kindern kooperieren. Dann bringen sie das notwendige Selbstwertgefühl und die Sicherheit mit, die sie für einen Austausch und ein Spiel mit anderen brauchen.

Wo Kindern Autonomieerfahrungen ermöglicht werden, können sie den Dingen frei und ungezwungen begegnen, die sie umgeben, und somit wichtige, vielfältige und ganzheitliche Lernerfahrungen machen. Das können Material-, Umwelt- und Naturerfahrungen sein. Es können ebenso aber auch Erfahrungen zu Gesetzen der Mathematik, Naturwissenschaft und Technik sein.

Die Kinder können ihre motorischen Kompetenzen erweitern und festigen. Sie können ebenso ihre kreativen Möglichkeiten ausprobieren und vieles mehr. ◀

# *Pippi spielt Theater*

## Ein Projekt für Kinder im Alter von 4 bis 6 Jahren

Text: Edith Ostermayer | Fotos: Kindertagesstätte Kastanienwichtel in Heidesheim

Kinder agieren gern im Rollenspiel ihre Wünsche, Bedürfnisse und Fantasien aus, hier können sie sich in unterschiedlichen Haltungen und Verhaltensweisen erproben. Das Theaterspiel bietet ein Forum, sich anderen in einer Rolle zu zeigen. Und es fordert „Zusammenspiel“: Man muss sich selbst zurücknehmen, die Vorstellungen anderer berücksichtigen und Absprachen treffen. Es verlangt aber auch Mut: Man muss sich selbst darstellen und sich aktiv einbringen. Dabei vollziehen sich oft interessante, manchmal schwierige und immer auch bildungsträchtige Prozesse, bei denen das Selbstvertrauen der Kinder, ihre Kooperationsbereitschaft, ihr Einfühlungsvermögen sowie ihre Konflikt- und Kommunikationsfähigkeit gefördert werden.

**Altersgruppe**
Kinder im Alter von 4 bis 6 Jahren

**Räumliche Voraussetzungen**
- Rollenspielraum (ein Funktionsraum der Kita)
- Kreativraum (ein Funktionsraum der Kita)

**Materialien**
- Schreibblock
- Sitzkissen
- Spielsteine zum Abstimmen
- Fastnachtskostüme
- Kleiderstange
- verschiedene Utensilien
- Kiste
- Stoff für einen Vorhang
- Seil zum Aufhängen des Vorhangs
- Kamera
- Kassettenrekorder
- Papier, Pappe
- Farben, Stifte

## Wie kam es zu dem Projekt?

Die dreigruppige Kindertageseinrichtung „Kastanienwichtel" verfügt über einen eigenen Raum für Rollenspiele. Er wird von der Erzieherin Gabi betreut. Gabi beobachtet, dass einige Kinder mehrere Bänke zusammenstellen. Zuerst laufen sie darauf herum, bis schließlich ein Kind einen Bauklotz als Mikrofon einsetzt und anfängt, zu erzählen, was die anderen machen. Dargestellt werden Witze und Sketche. Andere Kinder im Raum werden neugierig und schauen zu. Am nächsten Tag werden die Bänke erneut als Bühne verwendet. Die am Vortag beteiligten Kinder haben sich verabredet, und einige Kinder, die gestern zuschauten, wollen heute aktiv mit dabei sein. Das führt zu Diskussionen, denn statt fünf Kindern möchten sich nun plötzlich neun beteiligen. Lukas, ein Junge aus der ursprünglichen Darstellergruppe, übernimmt die Führungsrolle und schickt zwei Kinder los, um Publikum aus den anderen Räumen zusammenzutrommeln.

Die Kinder haben miteinander beschlossen, dass sie dieses Mal eine ganze Geschichte spielen wollen: Eine Prinzessin wird von einem Drachen verschleppt, der natürlich dringend bekämpft werden muss. Der Drache wird von mehreren Kindern dargestellt. Im Laufe der nächsten Tage werden immer wieder kleine Rollenspielstücke vor Publikum aufgeführt.

Gabi beschließt, den beteiligten Kindern ein Theaterprojekt vorzuschlagen. Sie ist begeistert von der Ausdauer, die die Kinder an den Tag legen, und von der Dynamik, die innerhalb der Gruppe entstanden ist. Ebenso beeindruckt sie, wie sich innerhalb der Darstellergruppe Rollen verteilen. Sie kann beobachten, dass die Kinder andere in ihrem Spiel nie verletzen, auch wenn sie „starke" Figuren verkörpern. Auch gehen sie nicht grob miteinander um. Alle Darstellerinnen und Darsteller verhalten sich trotz aller Begeisterung in ihrer jeweiligen Rolle immer sehr respektvoll gegenüber dem Rest der Truppe.

Gabi bietet den Kindern also an, sich am darauffolgenden Tag wieder im Rollenspielraum zu treffen, um gemeinsam ein Theaterstück zu planen. Die Kinder nehmen den Vorschlag begeistert auf. Daraufhin stellen einige Kinder fest, dass sie ja noch gar nicht wissen, was sie spielen wollen. Es beginnt ein wildes Durcheinanderrufen von Ideen. Gabi beruhigt die Gruppe und schlägt vor, sich am nächsten Tag zu treffen und sich bei dieser ersten Besprechung der Theatergruppe Gedanken über das Stück zu machen.

Es kommen alle neun Kinder aus unterschiedlichen Stammgruppen zu diesem ersten Treffen der Theatergruppe. Dazu gehören vier Jungen und fünf Mädchen im Alter von vier bis sechs Jahren. Einige Kinder kommen mit Fastnachtskostümen, ohne dass Gabi darauf hingewiesen hat. So sind in der Gruppe Cowboys, Indianer, Feen, Hexen und Prinzessinnen vertreten.

## Welche Ziele hat das Projekt?

Gabi möchte den Kindern Zeit und Raum lassen, sich in die Entwicklung des Theaterstückes und dessen Umsetzung einzubringen und ihre Ideen zu verwirklichen. Sie selbst möchte lediglich eine begleitende Funktion einnehmen.

*Kinder spielen gern in ihrem Fastnachtskostüm Theater.*

Gabi schlägt also zunächst vor, Ideen für ein Stück zu sammeln. Die Kinder beginnen, ihre Vorstellungen zu äußern.

Gabi notiert alles, damit kein Punkt vergessen wird. So zeigt sie ihre Wertschätzung für die Ideen der Kinder. Doch auch sie hat Fragen an die Theatergruppe. Sie möchte wissen, ob die Kinder schon einmal Theater gespielt haben. Laura und Sophie erzählen daraufhin von einem Theaterstück, das sie aufgeführt haben. Lukas und Lars haben bereits eine Aufführung in einem „echten Theater“ besucht. Andere Kinder waren in einem Puppentheater, wo nicht Menschen, sondern Marionetten gespielt haben. Ein weiterer Junge weiß: „Da sind ganz große Bilder hinter den Schauspielern. So etwas brauchen wir auch.“

*Das Theaterspiel schult besonders die Kommunikationskompetenz.*

Durch das Sammeln von Gedanken und Fragen nach Erfahrungen werden in diesem anfänglichen Austausch unter den Kindern bereits erste Ideen für ihr eigenes Theaterstück produziert. In der Gruppe sind zwei Kinder mit sprachlichen Auffälligkeiten. Gabi ist gespannt, welche Rolle diese beiden für sich finden werden. Sie möchte beobachten, wie aktiv sich diese beiden Kinder in den Austausch innerhalb der Gruppe einbringen. Darüber hinaus will sie sie darin unterstützen, auch eigene Ideen zu artikulieren und in der Gruppe Gehör zu finden.

**Für das Projekt definiert Gabi einige Ziele:**

- Besonders wichtig ist ihr, dass die Kinder in ihrer Fähigkeit zur Partizipation wie auch zur Kreativität gefördert werden.
- Die Kinder sollen in ihrer Kritik- und auch Konfliktfähigkeit unterstützt werden, aber auch in ihrer Frustrationstoleranz und in ihrem Umgang mit der Gruppe.
- Sie werden in ihrer Bereitschaft zur Flexibilität gefordert.

Darüber hinaus sieht Gabi gute Möglichkeiten, dass sich die Kinder in ihrem Verantwortungsbewusstsein, ihrem Einfühlungsvermögen und ihrem Selbstbewusstsein weiterentwickeln.

Das Theaterspiel schult besonders die Kommunikationskompetenz.

### Wie sieht die Planung aus?

Was muss vorbereitet, organisiert und beschafft werden? Gabi schlägt den Kindern vor, jeden Mittwoch und Donnerstag zusammenzukommen, um am Theaterstück zu arbeiten. Dazu will sie mit einem Gong durch das Haus gehen, der als Signal für das Treffen dienen soll. An den anderen Tagen soll für die Aufführung gebastelt oder auch geprobt werden. Die Kinder beschließen, dass sie zum nächsten Treffen alle in einem Fastnachtskostüm kommen.

Die Vorbereitungen für die Treffen liegen in Gabis Hand. Die Gruppe versammelt sich immer im Rollenspielraum, den Gabi dafür vorbereitet. Sie platziert Sitzkissen in einem Kreis, legt ihren Block und Stifte bereit sowie Spielsteine zum Abstimmen, falls es unterschiedliche Meinungen gibt. Außerdem besorgt sie eine Kleiderstange für die Aufbewahrung der Kostüme und eine Kiste, in der Utensilien und Mitgebrachtes gesammelt werden sollen. Sie legt eine Kamera bereit und einen Kassettenrekorder, mit dem die Kinder ihre Sprechtexte und Ideen aufzeichnen können.

Im Kreativraum stehen hinreichend Farben, Stifte und Papier in allen Größen zur Verfügung, mit denen Kulissen oder sonstiges Zubehör gestaltet werden kann. Gabi ist verantwortlich für die Moderation der Besprechungen und schreibt mit, was die Kinder sagen. Jedes Kind soll seine Ideen und Meinungen äußern dürfen. Gabi unterstützt die immer wieder notwendigen Überlegungen und Diskussionen der Kinder durch weiterführende Fragestellungen wie zum Beispiel: „Was denkt ihr, wie das gehen soll?

## Kompetenzen im Blickpunkt

**Ganzheitliche Förderung:**

- emotionale Kompetenz
- soziale Kompetenz: Eigenständigkeit, Konfliktfähigkeit, Frustrationstoleranz, Verantwortungsfähigkeit, Einfühlungsvermögen
- Selbstwirksamkeit
- Partizipation
- sprachliche Kompetenz
- Kreativität

**Spezielle Förderung:** Selbstbewusstsein, Gruppenfähigkeit, Kommunikationsfähigkeit

## Kooperation mit Eltern

**Aktives Einbeziehen:**

- schriftliche Information an die Eltern über die Teilnahme ihres Kindes an dem Projekt mit Einladung zur Theateraufführung
- Eltern erhalten Fotos ihrer Kinder

**Dokumentation:**

- Projektordner mit Gesprächsprotokollen
- Fotos
- Zeichnungen der Kinder zu den einzelnen Theaterszenen
- Wanddokumentation im Flur mit Auszügen aus den Besprechungen und Fotos

Habt ihr eine Idee, auf welche Weise dies und jenes gemacht werden kann?“

Die Eltern werden schriftlich darüber informiert, dass ihr Kind an der Projektgruppe teilnimmt und dass sie sich über den weiteren Verlauf des Projektes im Rahmen der Dokumentationen innerhalb der Kindertagesstätte informieren können. Es wird auf die anstehende Theateraufführung hingewiesen.

### Wie sieht die Umsetzung des Projektes aus?

Zum nächsten Treffen kommen die Kinder alle in ihren Fastnachtskostümen. Vertreten sind zwei Cowboys, eine Indianerin, eine Pippi Langstrumpf, eine Fee, zwei Prinzessinnen und zwei Hexen. Gabi begrüßt die Kinder in ihren jeweiligen Kostümrollen und lädt sie dazu ein, sich in ihrem Kostüm zu malen und dabei zu überlegen, wie und in welchem Zusammenhang sie sich ihre Figur ausmalen. Anschließend stellen die Kinder sich in ihren jeweiligen Rollen der Gruppe vor.

Laura hat die Idee, dabei aufzustehen und das Kostüm sowie das Bild zu präsentieren.

### Die Rollenverteilung:

- Die Fee sieht sich als jemanden, der im Himmel bei den ganzen Sternen lebt. Sie kann fliegen und schaut jeden Abend auf die Menschen hinab.
- Ein anderes Kind stellt sich als „Prinzessin Rosalie von der Tierinsel“ vor. Sie kümmert sich um die Tiere dort und lebt auf Mallorca.
- Ein Junge ist ein Cowboy im Wilden Westen. Er ist ein Sheriff und macht eine Pause. Dann schwitzt er, hält sich an einem Kaktus fest und piekst sich.
- Der andere Cowboy ist ein Büffeljäger und läuft zum Kaktus, von dem er einen Specht holen muss.
- Pippi reitet auf ihrem Pferd, dem Kleinen Onkel. Das Pferd kann Ski fahren und fährt in ein Geschäft hinein, wobei es alles umwirft.
- Ein Mädchen ist eine Hexe, die Vivi heißt und auf einem Hexenbesen ganz hoch in den Himmel reitet.

- Die andere Hexe ist die Oberhexe. Sie kocht ganz eklige Sachen und ist nicht lieb. Sie kann zaubern und fliegen.
- Die restlichen Kinder haben sich nur in ihrem Kostüm gemalt, ohne einen Handlungskontext hinzuzuerfinden. Sie stellen sich jeweils als die Figur vor, die ihr Kostüm repräsentiert.

Nach der Bekanntgabe der Rollen wollen die Kinder spielen. Lars ist der Ansicht, dass sie dazu nun nicht mehr die Bänke nehmen könnten, da sie mehr Platz bräuchten. Das sehen die anderen sehr schnell ein und malen auf den Boden mit Kreide die Umrisse der Bühne. Sehr schnell finden sich die Hexen zu einer Gruppe zusammen, ebenso die Cowboys, die Indianerin und die Fee. In der zweiten Gruppe gibt es Diskussionen, denn die Cowboys sind der Meinung, dass die Fee nicht zum Wilden Westen passt. Die beiden Mädchen wiederum sind die besten Freunde, was die Jungen allerdings nicht interessiert. Die Indianerin muss sich nun entscheiden, ob sie mit ihrer Freundin oder mit den Jungen spielt. Die Fee fängt an zu weinen, weil sie sich ausgeschlossen fühlt. Pippi rettet sie, indem sie vorschlägt, dass die Fee doch als Pippis allerbeste Freundin auftre-

## Projektdurchführung

**Methoden:** Gespräche in der Projektgruppe, Erzieherin moderiert und unterstützt durch Fragestellungen, Gesprächsprotokolle, gemeinsames Entwickeln eines Theaterstückes durch die Kinder; Verkleiden, Theaterspiel in Kleingruppen sowie in der gesamten Projektgruppe; Malen und Zeichnen, Basteln von Requisiten

**Zeitablauf:** ritualisierte Treffen im Rollenspielraum, dabei jeweils einleitend Gespräche, anschließend Theaterspiel; Signal zum Treffen ist ein Gongschlag, zwischendurch immer wieder Basteln von Requisiten und Kulissen, Titelfindung für das Theaterstück, Einladung der Eltern, Vorführung

## Reflexion und weitere Initiativen

- Zielsetzung wurde erreicht
- naturwissenschaftliche Kenntnisse und kulturelles Wissen wurden erweitert
- der Prozess des Projektes zeigte hohe Nachhaltigkeit

*Für das Theaterstück müssen Kulissen gemalt und Requisiten gebastelt werden.*

ten kann. Damit sind alle einverstanden, und die Fee tut sich mit Pippi und den beiden Prinzessinnen zusammen. Jeder will etwas vorspielen.

Bei den Cowboys und der Indianerin entbrennt das erste Streitgespräch. Jeder möchte einen Büffel jagen. Es dauert eine Weile, bis sie sich einigen. Danach wird diskutiert, wo das Ganze spielt. Ein Cowboy glaubt, in Afrika. Doch die Indianerin weiß, dass es in Amerika sein muss. Sie will am nächsten Tag ein Buch mitbringen. Die Kinder beginnen zu spielen, sie improvisieren stückweise.

Das Spiel beginnt mit dem Lied „Der Cowboy Jim aus Texas“. Die drei gehen auf Büffeljagd und nehmen als Objekt ihrer Jagd einen Elch aus der Kuschelecke mit. Aus Bausteinen legen sie eine Feuerstelle, legen den Büffel darauf und beginnen zu essen. Die Indianerin raucht die Friedenspfeife, einen langen Baustein – es ist schnell klar, dass morgen noch „richtige“ Utensilien und Kulissen gemalt und gebastelt werden müssen. Zum Schluss wollen die Cowboys sie an den Marterpfahl binden, wogegen sie sich vehement wehrt. Damit ist die Episode für diesen Tag abgeschlossen. Die anderen Kinder können erst am nächsten Tag vorspielen.

Am folgenden Tag wird bereits früh am Vormittag im Kreativraum gebastelt und gewerkt. Büffel, Kaktus, Friedenspfeife, Marterpfahl – das sind die Objekte, die hergestellt werden sollen. Das Basteln zieht sich über mehrere Tage hinweg. Die Erzieherin im Kreativraum gibt dabei Hilfestellungen und stellt Material zur Verfügung.

Beim Gongschlag, der durch das Haus wandert, kommen die Kinder wieder zusammen und ziehen ihre Kostüme an. Lars zeigt stolz seinen mitgebrachten Kaktus, der etwa 20 Zentimeter hoch ist. Vivien präsentiert ein Buch, in dem beschrieben ist, dass Kakteen Wasser speichern, um in besonders trockenen Regionen zu überleben.

Danach wollen die Kinder wieder Theater spielen. Pippi und die Fee stehen bereit. Sie haben beide einen Zauberstab mitgebracht. Die Fee nimmt ihren Stab und spricht einen Zauberspruch: „Ene, mene Sand. Pippi ist jetzt in einem anderen Land, hex, hex!“

Pippi steht etwas ratlos auf der Bühne und will wissen, in welchem Land sie denn nun gelandet ist. Das weiß die Fee aber leider nicht. Da tritt die Indianerin auf die Bühne und sagt, die Fee sei hier im Wilden Westen und könne mit ihnen Büffel jagen und die Friedenspfeife rauchen. Schon kommen die Cowboys mit auf die Bühne. Am Ende rauchen alle die Friedenspfeife. Auf diese Art fügen sich die einzelnen Spielepisoden der jeweiligen Kleingruppen nach und nach zu einem zusammenhängenden Stück zusammen.

Im weiteren Verlauf des Projekts wurden noch mehr Requisiten gebastelt, etwa ein Hexenhaus und ein großer Kochtopf.

*Als Einladung zur Theateraufführung wird ein Plakat gestaltet und im Eingangsbereich aufgehängt.*

Es wurde ein großer Vorhang im Rollenspielraum aufgehängt. In einem der letzten Treffen – das Theaterstück ist so weit fertig – äußern die Kinder ihren Wunsch, das Stück nun endlich den Eltern vorzuführen. Gabi erinnert daran, dass noch kein Name für die Vorführung gefunden sei. Nach langem Hin und Her sind sich alle einig: „Pippi spielt Theater!“ Das passt. Die Kinder malen gemeinsam ein großes Plakat, das als Einladung für die Eltern dienen soll. Sie finden, dass das genügt und sie deshalb keine Karten mehr basteln müssen.

Zur Aufführung kommen alle Eltern und Geschwister, teils auch Großeltern der kleinen Schauspieler. Sie findet an einem Freitagnachmittag um 16.00 Uhr im Rollenspielraum statt. Die Familien spenden viel Applaus, und die Kinder stehen stolz und mit freudestrahlenden Gesichtern auf der Bühne.

### Wie kann die Projektdokumentation aussehen?

Während der einzelnen Treffen wird alles sorgfältig aufgeschrieben. Die Kinder bestimmen mit, was festgehalten werden soll. Der Kassettenrecorder bewährt sich nicht sonderlich für die Gesprächsaufzeichnungen. Gabi legt einen Ordner an, in dem die Schriftstücke wie in einem Tagebuch eingeheftet werden. Einige Kinder malen das Theaterstück auf mehreren Blättern. Diese werden zusammen als eine Art Storyboard (Regiebuch) angelegt.

Eine Kollegin von Gabi macht bei den Gesprächen Fotos, während Gabi das bei den Proben übernimmt. Diese werden zusammen mit Auszügen aus den Besprechungen im Flur zu einer umfangreichen Wanddokumentation ausgehängt. Diese Dokumentation bleibt noch eine ganze Weile in der Einrichtung bestehen. Die Eltern bekommen Fotos von ihren Kindern.

*Das Publikum ist begeistert.*

### Wir schauen zurück – Projektauswertung

Indem sich die Kinder alle mit ihren Ideen einbringen konnten und dazu ermutigt wurden, diese zu äußern, wurden sie in ihrem Selbstbewusstsein und Selbstvertrauen, ja sogar in ihrem persönlichen Mut gestärkt. Bekräftigt wurden sie darin auch durch das Vorspielen und schlussendlich durch die Abschlussveranstaltung vor den Eltern. Auch das Dokumentieren über Fotos und Film sowie den Theaterordner trug seinen Teil dazu bei. Durch die Vorstellung der eigenen Rollen wurde bereits am Anfang des Projektes deutlich, welche Eigenschaften die Kinder ihrer jeweiligen Gestalt zuschrieben und was sie vielleicht einmal selbst sein, ausprobieren und spielen wollten. Sie konnten sich dabei selbst Charaktereigenschaften zuweisen, wie z. B. stark zu sein und zaubern zu können. Ebenso konnten sie sich in einem bestimmten Verhalten erproben und auch ihre Fantasien umsetzen. Einige Kinder machten sehr wichtige Erfahrungen hinsichtlich der Konfliktlösung und dem Umgang mit Frustration, aber auch darin, sich durchzusetzen. Andere wiederum zeigten ihre Fähigkeit zum Einfühlungsvermögen, insbesondere als es um die Gruppeneinteilung ging. Alle profitierten während des Prozesses durch wertvolle, neue Erfahrungen. Neben der weiteren Förderung in etlichen kreativen Bereichen, z. B. bei der Gestaltung von Requisiten und Kulissen, erschlossen die Kinder sich beiläufig einiges Neue an naturwissenschaftlichem und kulturellem Wissen, zum Beispiel den Lebensraum von Kakteen oder den historischen Lebenszusammenhang von Cowboys und Indianern.

Die Förderung kommunikativer Kompetenzen wurde bei den Besprechungen sowie beim Spielen selbst auf unterschiedlicher Ebene ermöglicht. Die beiden sprachauffälligen Kinder beteiligten sich ohne Hemmungen und wurden von den anderen Mitspielern vollkommen selbstverständlich akzeptiert.

Besonders hervorzuheben ist, dass die Kinder an Verantwortungsbewusstsein gewonnen haben. Sie engagierten sich von Anfang an für das Zustandekommen eines gemeinsamen Spiels und das Gelingen einer Vorführung. Dabei fand jedes Kind seinen Platz. ◀

# *Schwert, Zauberstab und noch mehr starke Dinge*

## Ein Projekt für Kinder im Alter von 3 bis 6 Jahren

Text: Edith Ostermayer | Fotos: Gaby Dobbelfeld, Kindertagesstätte Spielkiste e.V.

Kinder im Vorschulalter wollen zeigen, was sie schon allein bewirken können und wie groß und stark sie sind. Sie messen sich darin gern mit anderen. Dieses Kräftemessen und Ausprobieren trägt wesentlich zur Identitätsbildung bei. Es fördert die Kreativität und unterstützt ein realistisches Selbstbild. Sich selbst einschätzen können, zu wissen, welche Potenziale man besitzt, was man sich zutrauen kann, über wie viel Kraft man verfügt und wie man seine Kraft dosieren muss – all das lernen Kinder in der Kindertageseinrichtung. Es stärkt ihre Identität und ihr Selbstvertrauen, unterstützt sie aber auch, Verantwortung gegenüber anderen Kindern wahrzunehmen.

**Altersgruppe**
Kinder im Alter von 3 bis 6 Jahren

**Räumliche Voraussetzungen**
- Gruppenraum in der Einrichtung
- Intensivraum

**Materialien**
- Symbole für Stärke
- Bilderbücher zu den Themen „Stark sein“ und „Angst haben“
- Tisch mit Tischdecke
- diverses Werkmaterial (Styropor) und Werkzeug
- Papier und Stifte
- Kamera

## Wie kam es zu dem Projekt?

In der Bauecke geht es heiß her. Einige Jungen brüsten sich mit ihren Stärken. „Ich kann ganze Häuser heben.“ „Ich kann Ameisen zertreten.“ „Mein Papa kann ganz viele töten.“ „Ich bin stärker als ihr.“ Claudia, die Erzieherin, bekommt diesen verbalen Schlagabtausch mit und stellt fest, dass die Kinder das Thema an diesem Morgen immer wieder aufgreifen. Sie können nicht davon ablassen, sich miteinander zu messen und gegenseitig zu überbieten. Im Abschlusskreis ihrer Gruppe berichtet sie, dass sie gehört hat, wie Jonathan, Niclas und Jan darüber gesprochen haben, wie stark sie sind. Claudia möchte wissen, wer von den anderen Kindern ebenfalls glaubt, stark zu sein. Es folgt ein reges Durcheinander von Wortmeldungen. „Ich habe sogar ein Schwert zu Hause.“ „Ich ein Indianermesser.“ „Ich hatte mal einen Alptraum, aber gar keine Angst.“ „Na und! Ich hatte schon ganz viele Alpträume und auch keine Angst.“ Claudia spürt, wie sehr dieses Thema alle Kinder beschäftigt. Sie bemerkt, sie habe gerade eben von ganz vielen Kindern gehört, dass sie Dinge zu Hause haben, die stark machen: Schwerter, Indianermesser etc. Sicherlich gäbe es noch andere Sachen, die stark machen oder stark sind. „Ja! Ich weiß es. Haie sind auch ganz stark“, ruft Maximilian. Claudia schlägt vor, dass die Kinder morgen etwas Starkes mitbringen. Manche Kinder haben Bedenken, dass sie das möglicherweise vergessen könnten, und das wäre schade. Claudia bietet den Kindern an, ein Symbol auf ihren Handrücken zu malen, das sie daran erinnern soll, etwas Starkes mitzubringen. Viele wollen ein Schwert darauf gemalt haben, zwei entscheiden sich für einen Vampir. Alia sagt: „Ich will auch etwas auf die Hand gemalt haben. Ich habe nämlich ein Eichhörnchen, und das kann schon Nüsse knacken. Das ist auch ganz schön stark.“ Minou möchte ebenfalls eine Erinnerung gemalt haben. Sie habe zu Hause eine Elfe, und die habe schließlich Magie.

Alle Kinder sind motiviert bei der Sache und überlegen, was sie am folgenden Tag mitbringen möchten. Claudia registriert dieses hohe Engagement und Interesse und tauscht sich darüber am Ende des Vormittags mit ihrer Gruppenkollegin Hannah aus. Die beiden beschließen, daraus ein Projekt für die gesamte Gruppe entstehen zu lassen. Diese besteht aus 23 Kindern.

## Welche Ziele hat das Projekt?

Claudia und Hannah setzen sich mit ihrem Gruppenteam zusammen. Sie sortieren und analysieren, was sie bisher von den Kindern gehört haben und was sie selbst als relevant an dem Thema betrachten. Die Kinder haben zunächst ein Interesse daran, sich in ihrer Kraft und Stärke zu messen und zu beweisen. Bei manchen wird deutlich, dass sie sich mit Heldenfiguren identifizieren, die ihnen

*Symbole verleihen Zauberkräfte ...*

*Freunde zu haben, verleiht Rückhalt und Stärke.*

aus den Medien vertraut sind, andere trauen eher bestimmten Tieren oder mystischen Wesen eine ganz besondere Stärke zu.

Die Kinder haben bereits erkannt, dass es unterschiedliche Arten von Stärke gibt: körperliche Stärke, aber auch geistige oder gar eine magisch begründete. Das möchten Claudia und Hannah thematisieren. Sie wollen mit den Kindern zudem über „starke Dinge" sprechen: über die Gegenstände, welche sie in den Abschlusskreis mitbringen, und andere, die sie sich mit ihnen zusammen überlegen werden. Sie wollen von den Kindern erfahren, warum es für sie so wichtig ist, stark zu sein. Sie erwägen, eine Sammlung von „starken Dingen" im Gruppenraum zu installieren, damit das Thema im Alltag der Kinder präsent ist. Diese Ausstellung kann nach und nach ergänzt werden.

Claudia regt an, zu bedenken, dass auch das Thema Angsthaben Teil des Themas Stärkezeigen ist. Diesen Aspekt wollen sie in der Gruppe ebenfalls aufgreifen. Interessant wird dabei sein, was den Kindern Angst macht und wie sie mit ihren Ängsten vor unterschiedlichen Dingen und in verschiedenen Situationen umgehen. Die Kinder sollen eigene Lösungsmöglichkeiten entwickeln, die ihnen helfen, mutig zu sein und sich ihren Ängsten zu stellen. In diesem Zusammenhang möchten die beiden Erzieherinnen den Kindern Bücher anbieten, die Stärke und Angst thematisieren, so beispielsweise das Buch „Wo die wilden Kerle wohnen", andere Geschichten von Rittern und Drachen oder auch „Da liegt ein Krokodil unter meinem Bett".

Ein anderer Aspekt des Themas sind die körperlichen Möglichkeiten, Stärke zu zeigen und stark zu sein. Die Erzieherinnen nehmen sich vor, die Kinder zu messen und zu wiegen, damit sie ihr Bild von sich selbst und ihrem Körper im Vergleich zu anderen

## Kompetenzen im Blickpunkt

**Ganzheitliche Förderung:**

- soziale Kompetenz: Entwickeln von Regeln des sozialen Miteinanders, verantwortungsvoller Umgang mit anderen Kindern
- Empathie und Hilfsbereitschaft
- Selbstwirksamkeit, Selbstvertrauen und Mut
- Entwicklung eines realistischen Selbstbildes
- Fantasie und Kreativität, Kommunikationsfähigkeit

**Spezielle Förderung:**

- emotionale Kompetenz: Gefühle erkennen und benennen, Strategien im Umgang mit Gefühlen

## Kooperation mit Eltern

**Aktives Einbeziehen:**

Schriftliche Information der Eltern über das bearbeitete Thema und über dessen Bedeutung für die kindliche Entwicklung

**Dokumentation:**

Protokolle der Fragen sowie Aussagen und Ideen der Kinder, Fotografieren einzelner Situationen, Ausstellungstisch im Gruppenraum, Dokumentationswand im Gruppenraum und davor, Ablage der Fotos aus dem Projekt in die Portfolios der Kinder, Anlegen eines Projektordners

Kindern konkretisieren können. Diese Aktion möchten sie als regelmäßiges Ritual in ihre Gruppe aufnehmen, indem sie in regelmäßigen Abständen immer wieder einmal Gewicht und Größe der Kinder festhalten. Das alles sind Ideen, die sie notieren.

Die Erzieherinnen möchten zunächst klären, welche Aspekte des Themas die Kinder selbst interessieren und was sie in Gesprächen oder durch ihr Verhalten einbringen. Ziel ist, die Kinder zu befähigen, mit ihrem Gefühl von Stärke, aber auch mit ihren Ängsten bewusst umgehen zu können. Dadurch wollen sie die Kinder für einen verantwortungsbewussten Umgang mit Stärke sensibilisieren und so an Regeln des sozialen Miteinanders arbeiten. Dazu könnte auch zählen, dass man sich gegenseitig hilft, wenn ein Kind Angst hat oder nicht genügend Kraft, eine bestimmte Situation zu bewältigen. Darüber hinaus sollen die Kinder durch den fortlaufenden Austausch in der Gruppe in ihren kommunikativen Kompetenzen gefördert werden. Sie wollen jedem Kind Zeit und Raum geben, sich zu äußern und aktiv zu werden. Gleichzeitig ist es ihnen wichtig, dass die Kinder im Projektverlauf ihren individuellen Interessensschwerpunkten nachgehen können. Alle Ideen, Absprachen und organisatorischen Punkte sollen gemeinsam mit ihnen entwickelt werden, sie sollen an allem selbst mitwirken und direkt eingebunden werden.

Claudia und Hannah möchten aber auch die Eltern über das Projekt informieren und sie dafür sensibilisieren, wie bedeutsam das Thema Stärke und auch das der Angst für ihre Kinder ist und wie wichtig es für ein Kind ist, ein starkes Vorbild zu haben, mit dem es sich identifizieren kann. Sie wollen die Eltern darauf aufmerksam machen, wie sehr es den Kinder hilft, über ihre Ängste reden zu können. Sie sollten darin Beistand und Unterstützung erfahren, um Strategien für einen guten Umgang mit ihren Ängsten entwickeln zu können.

### Wie sieht die Planung aus?

Was muss vorbereitet, organisiert und beschafft werden? Der tägliche Abschlusskreis der Gruppe von Claudia und Hannah soll mehrmals die Woche dazu genutzt werden, mit den Kindern über das aktuelle Thema innerhalb des Projektes zu sprechen. Dabei wollen sich die beiden an den Fragen und Gesichtspunkten orientieren, die die Kinder einbringen und beschäftigen.

*Kräfte messen heißt auch, Kräfte zu dosieren.*

© Pavel Losevsky

## Projektdurchführung

**Methoden:** ritualisierte Gespräche im Abschlusskreis der Gruppe, Moderation und Protokollieren der Gespräche durch je eine Erzieherin, Arbeit in Kleingruppen, Transfer der Arbeit aus den Kleingruppen in die Gesamtgruppe, Bilderbuchbetrachtungen, Malen und Zeichnen, Werken und Basteln, Absprachen im Gesamtteam

**Zeitablauf:** regelmäßige Gespräche mit den Kindern, kreatives Arbeiten zu verschiedenen Inhalten, Bilden von Kleingruppen zu spezifischen Themen, Visualisieren von Gruppenregeln durch die Kinder, Ausbau eines Seitenthemas zu einem neuen Projekt mit kleinerer Gruppe

## Reflexion und weitere Initiativen

- Zielsetzungen wurden erreicht
- Eltern zeigten aufgrund der Dokumentationen großes Interesse, vielfältige Gespräche mit Erzieherinnen und Kindern wurden angeregt
- nach Abklingen des Interesses in der Gesamtgruppe lief das Projekt aus
- Nebenthemen konnten in Kleingruppen entwickelt und ausgebaut werden
- ein völlig neues Projekt („Piraten“) entstand und konnte parallel laufen

*Die Kinder bringen jede Menge „starker Dinge“ mit.*

Die beiden Erzieherinnen vereinbaren, sich darin abzuwechseln, Aussagen, Fragen, Antworten und Ideen der Kinder zu protokollieren, sodass immer eine Erzieherin den Abschlusskreis moderieren kann, während die andere mitschreibt. Dazu wird ein Schreibblock genutzt, auf dem alles festgehalten werden kann und aus dem man die Seiten bei Bedarf einfach herauslösen kann. Hin und wieder werden sie in verschiedenen Projektsituationen Fotos machen. Dazu wird nach Absprache mit den Kolleginnen die Kamera der Einrichtung für die Dauer des Projektes in Claudias und Hannahs Gruppe hinterlegt. Wenn sie eine Kollegin zwischenzeitlich braucht, kann sie diese dort abholen.

Einzelne Projektschwerpunkte sollen in Kleingruppen erarbeitet werden. Die Gruppenzusammensetzungen sollen sich nach den jeweiligen Interessensschwerpunkten der Kinder richten.

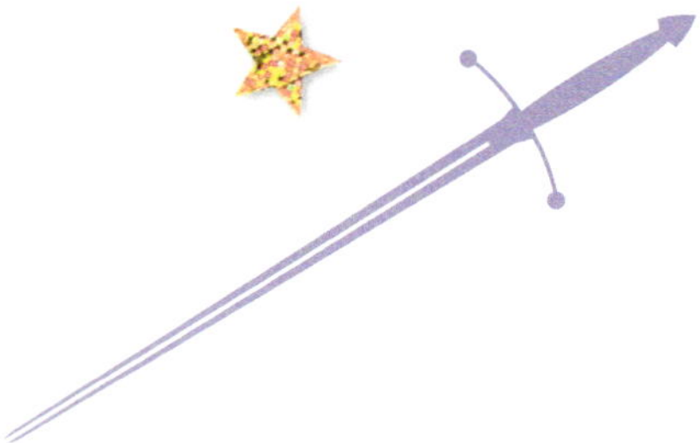

Für die Arbeit in den Projektgruppen wollen Claudia und Hannah mit den Kindern jeweils Arbeitsaufträge und Zeiten vereinbaren, zu denen sie sich treffen. Die Projekteinheiten können je nach Inhalt und Erfordernissen im Gruppenraum oder auch in einem der Intensivräume erfolgen. Sollten sie einen von diesen benötigen, muss das vorher im Gesamtteam abgesprochen werden. Für die Ausstellung der „starken Dinge“ wollen die beiden Erzieherinnen einen Tisch aus dem Gruppenraum nutzen und ihn mit einer schönen Decke schmücken. Claudia möchte einzelne Inhalte zwischendurch von Kindern malen oder zeichnen lassen. Dazu stehen Papier und Stifte am Maltisch zur Verfügung.

Im Gruppenraum bietet sich eine bestimmte Wand an, um Bilder zum Projekt aufzuhängen, wodurch dieses auch in den Räumlichkeiten lebendig wahrnehmbar werden soll. Alle weiteren Materialien, die möglicherweise im Verlauf des Projekts noch benötigt werden, müssen zum gegebenen Zeitpunkt besorgt oder organisiert werden. Auch die Frage der Materialbeschaffung wollen sie mit den Kindern gemeinsam klären.

Für die Eltern möchten die beiden Erzieherinnen verschiedene Inhalte und Elemente des Projektes an einer Holzleiste neben der Gruppeneingangstür transparent machen. Claudia und Hannah fragen ihre Kolleginnen nach Anregungen für geeignete Bilderbücher, die im Haus vorhanden sind.

## Wie sieht die Umsetzung des Projektes aus?

Am Tag nach dem ersten Gespräch über die „starken Dinge“ kommen die Kinder morgens mit Schwertern, Pistolen, Säbeln, Pfeil und Bogen und Indianermessern in die Einrichtung. Auch eine Elfe, ein Zauberstab und ein Hexenhut werden mitgebracht. Andrée hat einen Haifisch dabei. Im Abschlusskreis stellen alle Kinder ihre jeweiligen Sachen vor. Dazu sollen sie auch überlegen, warum das „starke Ding“ stark ist oder die Kinder sich mit diesem Ding stark fühlen.

Alle Aussagen werden schriftlich festgehalten. Claudia fragt die Kinder, ob sie sich vorstellen können, mit all den „starken Dingen“ eine Ausstellung zu machen. Dazu müssten sie die Gegenständen für einige Zeit in der Gruppe lassen, weil alles auf dem Ausstellungstisch gesammelt werden würde. Minou möchte ihre Elfe lieber wieder mit nach Hause nehmen. Hannah fragt, ob sie sie denn fotografieren dürfe. So könne man wenigstens das Bild der Elfe zur Ausstellung hinzufügen. Damit ist Minou einverstanden. Als alle Kinder ihre Sachen vorgestellt haben, fragt Claudia sie, wie sich das anfühlt, wenn sie sich als stark empfinden.

„Da habe ich ganz viel Kraft und kann den Micha besiegen.“

„Da bin ich stärker als mein Papa.“

„Dann kann ich über die Häuser fliegen und alle Menschen beobachten, ohne dass sie es merken.“

„Ich kann dann die Jungs, die mich ärgern, in kleine Käfer verzaubern.“

„Da habe ich keine Angst mehr.“

Claudia findet es ganz toll, dass die Kinder so viel über das Starksein wissen, und bittet sie, in den nächsten Tagen ein Bild von sich zu malen, das zeigt, wann sie stark sind. Sie können gleich morgen früh damit beginnen. Mehrere Kinder finden es schade, dass sie es nicht jetzt gleich malen können, weil nach dem Abschlusskreis einige aus der Gruppe abgeholt werden und dann erst zu Mittag gegessen wird. Hannah schlägt vor, dass sie nach dem Mittagessen gleich mit dem Bild anfangen können. Da sie den Nachmittag noch in der Gruppe ist, begleitet sie das Ganze dort. Claudia fragt, wer ihr zum Ende des Abschlusskreises helfen möchte, alle „starken Dinge" auf den Ausstellungstisch zu legen. Es melden sich sofort sechs Kinder.

Am nächsten Morgen überlegt Hannah mit Claudia, dass sie den Abschlusskreis zeitlich nach vorn ziehen möchte, damit nach dem Gespräch für die Kinder noch Gelegenheit ist, dieses nachwirken zu lassen und sich weiter auszutauschen oder das eine oder andere in kreative Prozesse umzusetzen. Die beiden Erzieherinnen trommeln an diesem Tag die Gruppe schon um 9.00 Uhr für den gemeinsamen Kreis zusammen und erklären den Kindern, dass sie diesen in der nächsten Zeit immer etwas früher abhalten werden, damit anschließend alle etwas Zeit hätten, selbst am Projekt weiterzuarbeiten.

In den nächsten Tagen werden noch viele Bilder über das Starksein gemalt und einige Bücher vorgelesen. Außerdem wird darüber gesprochen, dass man, selbst wenn man stark ist, auf andere Kinder Rücksicht nehmen muss, die dies nicht sind, und anderen auch nicht weh tun darf. Sonst könnte es passieren, dass einen die anderen Kinder nicht mehr mögen. Die Gruppe vereinbart, dass das eine Regel sein muss. Ein Kind malt diese auf ein großes Papier, das an einer Wand nahe dem Ausstellungstisch aufgehängt wird.

*Eine Regel der Kinder lautet: Wenn man stark ist wie ein Bär, muss man auch auf Schwächere Rücksicht nehmen.*

Wie vorausgesehen, ist das Thema Angsthaben eng mit der Stärke verknüpft. Die Erzieherinnen lassen alle Kinder zur Sprache bringen, was ihnen Angst macht und was sie machen, wenn sie einmal Angst haben. Einige Kinder wissen, wen sie zu Hilfe holen können. Andere stellen sich einfach vor, Riesenkräfte zu haben. Oder sie zaubern, sodass das, was Angst macht, klein wird oder verschwindet. Die Kinder stellen fest, dass sie sich auch gegenseitig helfen können, wenn jemand ängstlich ist oder etwas nicht allein schafft. Auch das soll eine Regel werden. Wieder wird diese aufgemalt und neben die erste Regel an die Wand gehängt.

Zum Thema Stärke muss im Projektverlauf ein kleiner Exkurs eingeschoben werden. Die Kinder wissen, das Ritter und Drachen sehr stark sind. Es geht also sehr bald um das Rittertum

*Aus allen mitgebrachten Objekten für Stärke wird eine Ausstellung zusammengestellt.*

im Mittelalter. Viele Kinder waren schon einmal auf einer Burg und wussten viel dazu einzubringen. Es wird von Ausflügen zu verschiedenen Festungen und Schlössern erzählt, Fotos aus den Familien dazu mitgebracht, Bücher angeschaut und anderes mehr. Ein anderes Mal kommen die Kinder auf das Thema Piraten. Die seien nämlich auch sehr stark und lebten auf Schiffen und hätten Enterhaken, mit denen sie andere Schiffe überfallen. Dazu wird eine Kleingruppe gebildet, die sich zunächst nur am Rande mit diesem Thema beschäftigten will und über ihre Fortschritte und ihre Überlegungen jeweils im Gesprächskreis berichtet. Aus dieser Kleingruppe entsteht schließlich schrittweise ein neues Projekt, das dann jedoch nur von dieser Teilgruppe weitergeführt wird. Das Stärkeprojekt läuft irgendwann aus, als das Interesse in der Gesamtgruppe schwindet. Die Ausstellung, die gemalten Bilder, die gebastelte Burg und das Piratenschiff bleiben jedoch noch eine ganze Weile im Gruppenraum. Das Projekt arbeitet bei einzelnen Kindern noch nach, und einige suchen während des Freispiels immer wieder einmal den Austausch mit anderen Kindern oder mit den Erzieherinnen über bestimmte Aspekte. Claudia und Hannah notieren noch einzelne Gesprächssequenzen, die sie mitbekommen, für ihre Dokumentation.

*Manchmal sind Projektthemen besonders nachhaltig.*

## Wie kann die Projektdokumentation aussehen?

Zum einen dienen die Ausstellung im Gruppenraum und die dortige Präsentation von projektbezogenen Bildern und Gebasteltem der Dokumentation für die Kinder, aber auch für die Eltern. Diese werden an der Infowand neben dem Gruppenraum über die aktuellen Fragestellungen innerhalb des Projektes informiert. In diesem Kontext sind sie eingeladen, jederzeit im Gruppenzimmer zu schauen, was die Kinder zu dem Thema erarbeitet haben. Claudia und Hannah veröffentlichen auch einige Gesprächsprotokolle an der Infowand. Die Eltern können daran sehr konkret nachvollziehen, welche Fragen ihre Kinder haben, sehen aber auch, was diese bereits alles wissen. Gerade die Gesprächsaufzeichnungen zeigen Erwachsenen, was Kinder beschäftigt und wie sie denken und fühlen. Sie bieten Anlass für einen regen Austausch mit den Erzieherinnen, mit anderen Eltern und natürlich auch mit den eigenen Kindern.

Fotos, die an der Infowand hängen, machen für die Eltern einzelne Projektschritte transparent und werden später in die Portfolios der betreffenden Kinder abgeheftet. Dort finden sich ebenso eine kurze Inhaltszusammenfassung des Projekts von Claudia und Hannah und das selbst angefertigte Stärkebild des Kindes. Die beiden Erzieherinnen sammeln alle Gesprächsprotokolle aus dem Projekt sowie die Fotos mit kurzen Anmerkungen anschließend in einem Projektordner, der im Flur der Kindertageseinrichtung ausgelegt wird, sodass auch andere Kinder und Eltern davon profitieren können.

*Die Kinder malen Bilder vom Starksein.*

## Wir schauen zurück – Projektauswertung

Die Kinder waren sehr engagiert bei der Sache. „Stark sein" und „Angst haben" erwiesen sich als grundlegende Themen von hohem kindlichem Interesse. Die Kinder traten darüber in einen regen Austausch mit dem Rest der Gruppe und den Erzieherinnen und entwickelten ein Bewusstsein dafür, was sie stark macht, aber auch dessen, was ihnen Angst macht. Dies trug zur Identitätsbildung bei. Claudia und Hannah beobachteten, wie entlastend es für Kinder sein kann, wenn sie über ihre Ängste reden können und dabei erleben, dass dies etwas ganz Normales ist und sie von

*Adler sind so stark, dass sie im Fliegen Mäuse fangen können.*

Erwachsenen ernst genommen werden. Sie erfuhren sichtlich Stärkung, indem die Erzieherinnen ihnen zutrauten, eigene Wege und Lösungen im Umgang mit der Angst zu finden. Die Kinder zeigten darin auch gegenseitige Unterstützung. Ebenso wurde das Verantwortungsgefühl bei vielen Kindern geweckt, füreinander da zu sein, sich zu helfen und nicht über die Grenzen des anderen hinwegzugehen. Sie entwickelten dafür eigene, für sie stimmige Grundsätze und fanden für sich eine Form der Kommunikation derselben – die gemalten Regelbilder. Die Kinder konnten ihre Fantasie ausbauen und gleichzeitig realistisch abgleichen, wo ihre realen Möglichkeiten und Grenzen sind. Sie erlebten außer dem sprachlichen Ausdruck in den Gesprächskreisen andere Ausdrucksformen über das Malen, Basteln und Bauen.

Im Freispiel wurden die Themen Stärke und Angst immer wieder und auf vielfältige Art und Weise ausagiert. Damit konnten die Kinder ihre Gefühle ausleben, aber auch Verhaltensstrategien spielerisch erproben. Für Claudia und Hannah war spannend, zu erleben, wie sich das Projekt entwickelte und welche Nebenstränge die Kinder durchlaufen haben. Interessant war für sie auch, dass sich daraus ein weiterführendes Projekt entwickelte. Eine besondere Herausforderung für sie war, immer wieder hinzuhören und nachzuspüren, bei welcher Frage und welchem Thema die Kinder gerade waren und dies in der Gesamtgruppe aufzugreifen. Außerdem mussten sie Umsetzungsmöglichkeiten anbieten und erarbeiten, die für möglichst viele Kinder passten. Die Absprache und die Unterstützung durch das Team liefen reibungslos. Die beiden Erzieherinnen berichteten kontinuierlich im Gesamtteam über die Entwicklung und den aktuellen Stand des Projektes.

Für die Eltern schienen insbesondere die Gesprächsprotokolle interessant. Täglich standen einige Eltern vor der Infowand und unterhielten sich miteinander oder auch mit den Erzieherinnen darüber. Ihnen gefiel, dass sie auf diesem Weg ein Stück am Gruppengeschehen teilhaben konnten und an dem, was ihr Kind dabei bewegte.

### Welche Vernetzungen mit anderen Bildungsbereichen lassen sich erkennen?

Neben dem Bildungsbereich „Emotionalität und soziale Beziehungen" wurden die Bildungsbereiche „Kommunikation und Kreativität" berührt. Die Kinder wurden auf unterschiedlichen Ebenen sprachlich gefördert: zum einen im verbalen Austausch, nämlich, sich ausdrücken zu können und sich auch zu trauen, sowie im Einhalten von Gesprächsregeln. Sie wurden aber auch in anderen kreativen Ausdrucksformen wie dem Malen, Basteln und Bauen unterstützt. Hier wurden unterschiedliche Materialerfahrungen gemacht, unter anderem durch das Bauen einer Burg aus Styropor. Diese musste mit speziellen Werkzeugen zugeschnitten und mit einem besonderen Kleber zusammengesetzt werden. Beim Nebenthema „Burgen" flossen zusätzlich kultur-historische Bildungaspekte mit ein. ◀

**Literaturtipps:**

Sendak, Maurice: **Wo die wilden Kerle wohnen.** Diogenes, Zürich 1967

Mayer, Mercer: **Da liegt ein Krokodil unter meinem Bett.** Oetinger, Hamburg 1992

# Amid darf mitspielen

## Ein Integrationsprojekt für Kinder von 4 bis 6 Jahren

Text: Edith Ostermayer | Fotos: privat

Wenn Kinder mit interkulturellem Hintergrund unsere Kindertageseinrichtungen besuchen, müssen sie große Anpassungsleistungen vollbringen. Sie müssen lernen, die fremde Sprache zu verstehen und sich den anderen Kindern und Erwachsenen mitzuteilen. Das erfordert viel Konzentration, aber auch Durchhaltevermögen. Kinder brauchen dazu die Sicherheit, als Individuum angenommen zu werden – von den Erwachsenen, aber auch von der Gruppe, zu der sie von nun an gehören sollen. Deshalb benötigen sie in diesen Prozessen aufmerksame Erzieherinnen, die die Befindlichkeiten und Bedürfnisse der Kinder feinfühlig wahrnehmen und verstehen. Außerdem müssen sie die Gruppe für die Situation des neuen Kindes mit anderer Herkunft und Sprache sensibilisieren.

**Altersgruppe**
Kinder im Alter von 4 bis 6 Jahren

**Räumliche Voraussetzungen**
- Turnraum in der Einrichtung
- ggf. Außengelände

**Materialien**
- Unterschiedliche Bälle (z. B. Gymnastikbälle, Softbälle, Fußball)
- Kamera

## Wie kam es zu dem Projekt?

Amid besucht seit vier Monaten die Löwengruppe einer viergruppigen Kindertageseinrichtung. Seine Familie kommt aus Algerien und ist seit zwei Jahren in Deutschland. Amid hat vier Geschwister, die bereits zur Schule gehen. Er ist vier Jahre und sechs Monate alt und der Jüngste in der Geschwisterreihe. Sein Vater arbeitet als Hilfsarbeiter bei einem Bauunternehmen, die Mutter versorgt die Kinder. Amid spricht bislang nur wenige Worte Deutsch und hat auch noch keine festen Spielkontakte in der Gruppe.

Seit kurzem versucht er, Kontakt mit einer Gruppe von Jungen aufzunehmen. Diese Kinder sind zwischen vier und fünf Jahren alt. Sie spielen häufig in der Bauecke oder in der Bewegungsbaustelle im Turnraum. Im Außengelände der Einrichtung sind die vier Jungs ebenso häufig zusammen zu sehen, bauen sich unter den Sträuchern Höhlen oder unternehmen Wettrennen mit den Fahrrädern und Rollern.

Seine Erzieherin Doris beobachtet, dass sich Amid in letzter Zeit sehr stark um die Aufmerksamkeit dieser Jungen bemüht. Während sie gemeinsam in der Bauecke spielen, nähert er sich ihnen, traut sich jedoch nie ganz an die Gruppe heran. Er wirft von außen kleine Autos an deren Bauwerke, oder flitzt, laute Motorgeräusche produzierend, mit einem Auto um die Gruppe herum.

Wenn die Jungen draußen Fahrrad fahren, rennt er ihnen hinterher und deutet an, dass er auch gern mitfahren würde. Aber statt ihm ein Fahrrad abzugeben oder ihn mitspielen zu lassen, reagieren die anderen Jungen eher unwirsch. Da die Störungen beim Bauen von Tag zu Tag zunehmen, beschweren sich die Kinder zunehmend heftiger über Amid. Sein Bedürfnis mitzuspielen, nehmen sie nicht wahr. Auch eine Mutter hat Doris mittlerweile darauf angesprochen, dass sich ihr Sohn über einen Jungen beschwert habe, der seine Bauwerke immer wieder zerstören würde.

Amid droht zunehmend in die Rolle des Störenfrieds und Außenseiters zu geraten. Doris spürt, dass sie aktiv werden muss. Schließlich möchte sie, dass Amid von der Gruppe integriert wird und dass er sich darin wohlfühlt. Umgekehrt sollen die Kinder ihrer Gruppe Amid als gleichberechtigtes und wertvolles Mitglied der Gruppe betrachten.

Seit Amid in der Kindertageseinrichtung ist, hat Doris vielfach beobachten können, dass er sehr geschickt mit dem Ball umgeht. Ihr fällt ein, dass die Gruppe, zu der sich Amid hingezogen fühlt, ebenfalls häufig Ball spielt. Ihre Überlegung ist es nun, die Kinder über einen Betätigungsbereich, den sowohl Amid als auch seine Wunschgruppe gern ausüben, zusammenzuführen. Sie möchte dies im

*Amid möchte gern bei der Jungenclique mitspielen. Er versucht, Kontakt aufzunehmen.*

Rahmen der wöchentlich stattfindenden Bewegungsstunden anregen und einleiten. Nach und nach möchte sie daraus eine eigene Projektgruppe entstehen lassen. Die Gruppenzusammensetzung wird dabei zunächst von ihr gesteuert.

Wenn Doris' Gruppe Turntag hat, teilt sie diese jeweils in zwei oder drei Blöcke auf, die nacheinander mit ihr eine Bewegungsstunde erleben. So nimmt sie in den kommenden Wochen immer dieselben Kinder in Kleingruppen mit in den Turnraum. Eine davon wird von den vier Jungen gebildet, mit denen Amid immer wieder Kontakt aufzunehmen versucht, sowie fünf Mädchen, die auch vier und fünf Jahre alt sind.

*Freunde zu haben, ist ganz wichtig, ...*

### Welche Ziele hat das Projekt?

An erster Stelle steht für Doris das Ziel, Amid Spielkontakte in der Gruppe zu vermitteln. Über diese wird er gute Voraussetzungen haben, in die Gesamtgruppe integriert zu werden. Dadurch soll er insbesondere lernen, die deutsche Sprache besser zu verstehen und selbst aktiv zu kommunizieren. Ihr ist daran gelegen, dass sich der Junge in der Kindergartengruppe wohlfühlt, dass er gern kommt und von den anderen Kindern angenommen und auch gemocht wird.

Diese Aspekte bilden wesentliche Voraussetzungen für Amids Bildungsprozesse und seine weitere Entwicklung. Nur wo Kinder sich angenommen fühlen, können sie ein Gefühl der Sicherheit und des Vertrauens entwickeln. Dies gilt auch für den Aufbau von Selbstvertrauen, Selbstbewusstsein und Selbstwertgefühl. Darüber hinaus soll Amid soziale Kompetenzen erwerben, er soll lernen, erfolgreich Kontakt zu anderen Kindern aufzubauen. Ist diese Hürde genommen, wird er in seinen Spielbeziehungen weitere wichtige Regeln und Verhaltensweisen des sozialen Miteinanders erwerben können.

Amid zeigt sehr deutlich sein Bedürfnis, mitspielen zu dürfen und dazuzugehören. Er kann dies bislang noch nicht verbal zum Ausdruck bringen und hat momentan kein anderes Verhaltensrepertoire zur Verfügung, als dies über störende Handlungen zu versuchen. Wichtig ist, dass er alternative Verhaltensweisen kennenlernt.

## Kompetenzen im Blickpunkt

**Ganzheitliche Förderung:**

- soziale Kompetenzen: Regeln der Kontaktaufnahme und des sozialen Miteinanders, Mitverantwortung
- Kommunikationsfähigkeit: aktiver und passiver Sprachgebrauch
- Selbstvertrauen, Selbstbewusstsein, Selbstwertgefühl
- Selbstwirksamkeit
- motorische Kompetenzen
- Materialerfahrungen

**Spezielle Förderung:**

- Integration in die Gruppe

## Kooperation mit Eltern

**Dokumentation für Amids Portfolio:**

- Fotografieren einzelner Spielsequenzen
- Plakatentwurf für Flur in der Einrichtung
- Verfassen einer Lerngeschichte über die soziale und sprachliche Entwicklung des Kindes sowie der zunehmenden Integration in seine Gruppe
- Ablage der Lerngeschichte im Portfolio als Grundlage für das Entwicklungsgespräch

*... um sich zugehörig und wohlzufühlen.*

Amid zeigt durchaus viele Begabungen und Stärken. Diese gilt es zu unterstützen und für wichtige Gruppen- und Spielprozesse zu nutzen. Die anderen vier Jungen wollen zwar ungestört spielen und ihre Spielideen entfalten, dabei sind sie aber anderen Kindern gegenüber nicht grundsätzlich verschlossen. Das möchte Doris nutzen und den Jungen und Amid in jenen Bereichen Begegnung und Berührungspunkte verschaffen, in denen sie alle gleichermaßen Stärken zeigen können. Sie weiß, dass Ressourcen dort, wo sie zusammengelegt werden, intensiviert und erweitert werden können. Die Erzieherin will dazu beim Ballspielen zunächst die Begeisterung und auch die Kompetenzen der fünf Kinder nutzen. Da es ihr Alltag nicht zulässt, nur für diese fünf Kinder ein spezielles Projekt zu begleiten, bindet sie zusätzlich noch fünf Mädchen in demselben Alter ein.

Im Idealfall ergeben sich für Amid auch weitere längerfristige Spielkontakte mit anderen Kindern der Gruppe. Das möchte Doris vor allem dadurch ermöglichen, dass sie den Mitgliedern der Projektgruppe nach einer Weile die Möglichkeit eröffnet, weitere Kinder dazustoßen und mitspielen zu lassen. So können sich hier und da Gruppenkonstellationen verändern, und Amid kann auch mit anderen Kindern des Kindergartens über das gemeinsame Spiel in Kontakt kommen.

Die Kinder sollen ihre eigenen Ideen in das Projekt einbringen. Dazu will die Erzieherin eine Anfangs- und Abschlussrunde zu den jeweiligen Projektzeiten nutzen. Der Aspekt der Selbstwirksamkeit ist ihr dabei sehr wichtig. Gleichzeitig erlernen die Kinder in diesem Kontext Regeln des Miteinanders, wie etwas einbringen zu können, zuzuhören, jemanden ausreden zu lassen, aber auch, Mitverantwortung zu übernehmen. Zusätzlich werden sie in ihren kommunikativen Fähigkeiten gefordert und gefördert.

Ganz nebenbei will Doris den Kindern durch das Projekt noch weitere vielfältige Spielmöglichkeiten mit dem Ball vorstellen. Die Kinder sollen Spaß am Spielen und an neuen Herausforderungen gewinnen und in ihrem Selbstvertrauen gestärkt werden.

## Projektdurchführung

**Methoden:** Zunächst ritualisierter zeitlicher und räumlicher Rahmen, später Erweiterung des Rahmens nach Interesse und Initiative der Kinder, erst Planung einer Bewegungsstunde durch die Erzieherin mit Integration der Kinder, zunehmend freiere Gestaltungsmöglichkeiten der Kinder in Bezug auf Inhalt und Zeit, Absprachen im Team

**Zeitablauf:** Treffen der Projektgruppe innerhalb der Bewegungsstunde, zunehmende Mitgestaltungsmöglichkeit der Kinder, Ausweitung der Treffen aufgrund ihrer eigenen Initiative, Ausweitung der Projektgruppe auf andere Gruppen, Fußballmeisterschaft beim Sommerfest

## Reflexion und weitere Initiativen

- Formulierung angemessener Zielsetzung gelungen
- Ziele schneller erreicht als erwartet

**Ausblick:**

- Ausbau der sich regelmäßig treffenden Fußballspielgruppe auf die gesamte Einrichtung
- Fortführung des Projektes durch eine Fußballmeisterschaft beim nächsten Sommerfest

*Beim gemeinsamen Fußballspiel kann jeder zeigen, was er kann.*

## Wie sieht die Planung aus?

Was muss vorbereitet, organisiert und beschafft werden? Doris möchte den Prozess langsam einleiten und den Kindern nichts aufzwingen. Sie sollen sich erst einmal als Projektgruppe finden. Deshalb bietet sie in zwei aufeinanderfolgenden Wochen die gewohnte dienstägliche Bewegungsstunde an. Zunächst erhält sie immer die gleichen Gruppenzusammenstellungen, die des angestrebten Projekts sowie die der restlichen Gruppe, die Turnen geht. Ab der dritten oder vierten Woche will sie der Projektgruppe vorschlagen, sich auch außerhalb der Turnstunde zu einem Ballspielprojekt zu treffen. Sie bietet den beteiligten Kinder den Freitag an, da der Turnraum an diesem Tag nicht durch andere Angebote belegt ist. Eine günstige Zeit ist zwischen 11.00 und 12.00 Uhr, damit der Raum vorher noch von anderen Kindern für das freie Spiel genutzt werden kann. Da erst ab 12.30 Uhr Abholzeit ist, können die Kinder der Projektgruppen ihr Spiel noch etwas ausweiten, falls die Situation es erfordert.

Doris spricht ihr Vorhaben im Gesamtteam ab. Das Team verständigt sich darauf, dass die Gruppe bei trockenem Wetter auch nach draußen gehen kann. Doris ist einverstanden, denn wenn sie die Projektgruppe in dieser Zeit begleitet, ist die Kollegin im Gruppenraum entlastet, da sie dort währenddessen weniger Kinder betreuen muss.

> *Insbesondere die Raumplanung muss bei der Projektarbeit wohldurchdacht sein und gut im Team kommuniziert werden.*

Doris will den Kindern in den ersten Spieleinheiten klare Aufgabenstellungen und Spielregeln vorgeben. Sie möchte sie nach und nach jedoch motivieren, eigene Ideen für das Ballspielen einzubringen und auszuprobieren. Dabei ist ihr wichtig, dass möglichst jedes Kind einen Vorschlag unterbreitet. Zögerliche Kinder ermutigt und unterstützt sie. Zu Beginn jeder Projekteinheit will sie sich mit der Projektgruppe im Kreis zusammensetzen oder -stellen und ihnen Vorschläge unterbreiten. Nach jeder Einheit wird sie die Gruppe erneut im Kreis zusammenrufen, damit jeder erzählen kann, wie es ihm gefallen hat, ob etwas nicht so gut lief oder was vielleicht das nächste Mal ausprobiert werden kann oder soll. Doris gewinnt so einen unmittelbaren Eindruck vom Erleben der Kinder und kann ihnen zudem Raum geben, sich mitzuteilen und das Projekt mitzugestalten.

Die Erzieherin sucht im Fundus an Bewegungsmaterialien im Turnraum Bälle unterschiedlicher Beschaffenheit. Nicht alle sind in der Gruppenstärke, also zehnmal vorhanden. Sie hat genügend farbige Gymnastikbälle zur Verfügung, nur wenige Basketbälle, dafür aber durchaus genügend Softbälle. Außerdem gibt es ein paar Fußbälle, die jedoch nur im Außenbereich der Kita eingesetzt wurden und schmutzig sind. Doris beschließt, einen neuen Ball für die Halle zu besorgen. Außerdem gibt es noch jede

Menge Tennisbälle und auch Massagebälle in unterschiedlichen Größen.

Doris möchte das Material nur bedingt vorgeben und es überwiegend den Kindern überlassen, womit sie sich beschäftigen möchten und auf welche Weise dies geschehen kann. Manchmal wird sie eine bestimmte Vorgehensweise und Anwendung mit diesem vorgeben. Sie wird aber auch den Kindern hinreichend Experimentiermöglichkeiten einräumen. Doris wählt für den Projekteinstieg Gymnastikbälle.

### Wie sieht die Umsetzung des Projektes aus?

Das erste Treffen der Projektgruppe findet dienstags in der üblichen Bewegungsstunde der Löwengruppe statt. Doris lädt die Kinder zunächst ein, sich gemeinsam mit ihr in einem Kreis aufzustellen. An der Seite liegen zehn Gymnastikbälle. Sie zeigt darauf und erklärt den Kindern, dass sie heute mit ihnen Ball spielen möchte. Sie fragt, was man mit den Bällen so alles machen kann, und lässt jeweils das Kind, das etwas weiß, vormachen, was es meint. Die anderen Kinder werden eingeladen, dasselbe auch einmal zu probieren. Das geht so lange, bis jedes Kind an der Reihe war. Einige Kinder muss Doris direkt ansprechen und fragen, ob sie auch eine Idee haben. Amid macht sich jedoch von selbst bemerkbar, indem er sich, als wieder einmal eine Runde abgeschlossen ist, in die Mitte des Kreises stellt und einen Kopfball demonstriert. Insbesondere die Jungen fühlen sich sogleich motiviert, ihm nachzueifern.

Als alle Kinder dran waren, bittet Doris die Gruppe, sich mit gespreizten Beinen in einer Reihe ganz dicht hintereinanderzustellen und die Arme nach oben zu nehmen. Sie gibt dem letzten Kind in der Reihe einen Ball in die Hand, den es an das Kind vor ihm weiterreichen soll, so lange, bis der Ball ganz vorn angekommen ist. Das vorderste Kind der Reihe muss dann schnell nach hinten laufen, und das Spiel beginnt von vorn. Das Ganze geht so lange, bis alle dran waren.

*Die Integration eines Kindes in eine Gruppe bedarf einer klaren Strategie und einer besonderen Feinfühligkeit.*

Danach folgen Partnerspiele mit jeweils einem Ball. Die Kinder finden sich schnell zu Paaren zusammen. Amid bleibt fast bis zum Schluss allein stehen. Ein Mädchen, das übrigbleibt, gesellt sich dann etwas unmotiviert zu ihm. Auch hier gibt Doris Übungen vor. Amid zeigt sich als sehr gewissenhaft in der Umsetzung und sehr verantwortungsvoll in der Partnerübung. Er achtet immer darauf, dass sein Gegenüber den Ball erreichen kann und dosiert seine Kraft angemessen. Immer wieder schaut er aber zu den anderen Jungen. Doris beschließt kurzerhand, dass die Paarzusammensetzungen wechseln sollen. Schnell gruppiert sich die Viererclique untereinander neu, und Amid bleibt wieder übrig. Nach diesem zweiten Durchgang bittet Doris die Kinder, sich noch einmal im Kreis aufzustellen. Sie achtet darauf, dass nicht nur Jungen neben Jungen und Mädchen neben Mädchen stehen. Die Kinder sollen der Reihe nach im 1–2-Rhythmus durchzählen. Nun gehen immer eine 1 und eine 2 als Paar zusammen.

Dieses Mal trifft Amid endlich auf einen der Jungen. Die Paare sollen sich jetzt gegenüber aufstellen und sich an den Händen fassen. Auf die ausgestreckten Arme legt Doris jeweils einen Ball. Dieser muss von einer Seite des Raumes an die gegenüberliegende transportiert werden, ohne herunterzufallen. Wer zuerst an der anderen Seite ankommt, hat gewonnen. Amid und sein Übungspartner sind eifrig dabei. Sie schaffen es, als Zweite ins Ziel zu gelangen. Immerhin! Das wäre eine Silbermedaille.

*Amid ist ein begehrtes Mannschaftsmitglied.*

*Hallo Kumpel! Schön, dass du da bist!*

In der Abschlussrunde berichten die Kinder, dass die letzte Übung die schwierigste war, aber dass es ja auch einige gab, die sie richtig gut ausführen konnten. Amid spürt, dass er diesbezüglich angeschaut wird, und versteht. Er lächelt sehr stolz und froh.

Die nächste Turnstunde gestaltet sich in ähnlicher Art, jedoch mit Softbällen, mit denen eher auch einmal geworfen und geschossen werden kann. Doris beschließt, den Fußball später einzusetzen. Bevor die Projektgruppe in Mannschaften gegeneinanderspielt, muss sie noch etwas vertrauter miteinander werden.

Nach der dritten Stunde berichtet die Erzieherin im Abschlusskreis, sie habe beobachten können, dass die Kinder in den letzten Stunden alle viel Spaß beim Ballspielen gezeigt hätten. Doris fragt, ob die Kinder Lust hätten, sich auch außerhalb der Turnstunde zum Ballspielen zu treffen. Die Jungen stimmen alle begeistert zu – Amid möglicherweise aus einem Nachahmungsverhalten heraus. Von den Mädchen möchten sich nur zwei anschließen. Und so treffen sie sich wie geplant am Freitag um 11.00 Uhr im Turnraum. Einige fragen sogar schon morgens im Gruppenraum gleich, wann sie dorthin dürften. Doris kündigt dies zu gegebener Zeit an. Die Erzieherin überlässt es nun von Anfang an der Gruppe, ein Spiel auszusuchen. Die Wahl ist schnell getroffen: „Fußball!“, na klar. Jetzt müssen Mannschaften gebildet werden, was angesichts der ungeraden Zahl der Teilnehmer schwierig ist. Ein Mädchen möchte die Schiedsrichterin sein. Sie weiß aber nicht so recht, was das bedeutet. Doris erklärt ihr, worauf sie achten muss, und verspricht, gemeinsam mit ihr auf das Spiel zu schauen. Amid spielt ganz selbstverständlich in seiner Mannschaft mit. Er zeigt großes Ballgeschick sowie etliche Tricks und Spielereien mit dem Ball. Die anderen Kinder sind sehr beeindruckt. In der nächsten Woche möchten einige Kinder gleich zu Amid in die Mannschaft.

Aus den anfangs regelmäßigen und zu festgelegten Zeiträumen stattfindenden Projekttreffen werden immer mehr spontane Spielsituationen während des Freispiels. Die Jungen fragen häufiger nach einem Fußball, um im Turnraum, aber auch im Außengelände damit zu spielen. Dort stoßen immer wieder auch andere Kinder dazu. Sie merken schnell, dass Amid ein gefragter Spielpartner ist und streben danach, möglichst in seine Mannschaft zu kommen.

## Wie kann die Projektdokumentation aussehen?

Doris fotografiert etliche Fußballsituationen während des Freispiels im Außengelände. Diese Fotos hängt sie auf einem Plakat im Flurbereich der Kindertageseinrichtung aus und kommentiert einige Fotos mit ihren Beobachtungen. Eine weitere Form der Dokumentation während des Prozesses ist ihr aus zeitlichen Gründen nicht gelungen. Sie schreibt jedoch eine Lerngeschichte über die Entwicklung des Spielverhaltens von Amid und wie er aufgrund seiner Fähigkeiten beim Fußballspielen ein bei den Kindern sehr gefragter und beliebter Junge geworden ist. Sie merkt darin auch an, dass Amid nun bereits ganz viele Kinder mit Namen kennt und niemanden vom Spiel ausschließt.

*Fotodokumentationen machen Entwicklungsschritte nachvollziehbar. Die Sprachbarriere kann überwunden werden.*

Diese Lerngeschichte kommt zusammen mit einigen Fotos in sein Portfolio, das sie den Eltern beim ersten Entwicklungsgespräch von Amid in der Kindertageseinrichtung zeigt. Anhand dieser Geschichte kann sie Amids Eltern die Entwicklung seiner sozialen und sprachlichen Kompetenzen, aber auch die zunehmende Integration des Jungen in seine Kindergartengruppe und die gesamte Einrichtung verdeutlichen.

### Wir schauen zurück – Projektauswertung

Von Doris war in den ersten Projektstunden große Aufmerksamkeit gefordert, um Amid die Möglichkeit zu schaffen, tatsächlich einmal mit einem seiner bevorzugten Spielpartner, einem der anderen Jungen, zusammenzuspielen. In dieser Phase musste sie den Prozess etwas intensiver steuern. Nach und nach konnten die anderen Kinder Amid jedoch in ganz konkreten Interaktionen mit ihnen wahrnehmen. Sie erlebten ihn als verantwortungsbewussten, aber auch lustigen und vor allem sehr fußballstarken Jungen.

Doris war überrascht, wie schnell der Prozess der Integration verlief. Sie konnte ihr geplantes Pensum an Projekteinheiten deutlich reduzieren und den Kindern viel früher als gedacht die Gestaltung selbst überlassen. Amids sprachliches Handicap störte die Kinder keineswegs in ihrer Kommunikation mit ihm. Es war zunehmend zu beobachten, dass sie ihre Beiträge mit Gesten unterstützten und dass sie Dinge vormachten und zeigten, damit Amid sie verstehen konnte. Dabei zeigten sie ihm gegenüber viel Einfühlungsvermögen und Verantwortungsgefühl. Gleichzeitig lernte Amid auf diesem Weg neue Wörter und Begriffe kennen, und er erschloss Sinnzusammenhänge. Durch die allmähliche Beachtung seiner Person innerhalb der Projektgruppe und sogar noch darüber hinaus wuchs sein Selbstvertrauen und Selbstwertgefühl. Er kam häufig morgens schon freudestrahlend in das Gruppenzimmer und hielt Ausschau nach den ihm vom Fußballspielen bereits etwas vertrauteren Spielkameraden. Manchmal begrüßten sie sich sogar per Handschlag.

Amid konnte durch dieses Projekt seine Stärken zeigen und durch das häufige Spielen in unterschiedlichen Mannschaftszusammensetzungen ausbauen. Seine Motivation, sich sprachlich mitzuteilen, stieg zunehmend, eine wertvolle Voraussetzung für seinen weiteren Erwerb der deutschen Sprache.

*Amid fühlt sich den Kindern im Kindergarten zugehörig. Das stärkt sein Selbstvertrauen und den Mut, sich mitzuteilen.*

Amid wurde in seinen sozialen, aber auch emotionalen Kompetenzen deutlich gefördert. Er findet nun leichter Kontakt zu anderen Kindern und kann sich besser an Gruppenregeln halten. Über die Projektgruppe, ja sogar über seine Kindergartengruppe hinaus, ist Amid zu einem akzeptierten und sogar recht beliebten Kind in der Einrichtung geworden.

Als Anschlussprojekt entstand sogar die Idee einer Fußballmeisterschaft. Die Erzieherinnen griffen diesen Vorschlag der Kinder im Team auf und sahen es als wunderbare Möglichkeit, eine solche beim demnächst anstehenden Sommerfest der Einrichtung umzusetzen. Dabei sollen dann Kinder gegen Kinder, Eltern gegen Eltern sowie Kinder gegen Eltern antreten.

### Welche Vernetzungen mit anderen Bildungsbereichen lassen sich erkennen?

Neben der Stärkung des emotionalen und sozialen Bildungsbereiches wurden Amid, aber auch die anderen teilnehmenden Kinder, deutlich in den kommunikativen Fähigkeiten gefördert und unterstützt. Auf diesem Feld haben alle enorme Entwicklungen machen können, besonders Amid im passiven wie auch im aktiven Sprachgebrauch. Darüber hinaus konnten die Kinder unterschiedliche Materialerfahrungen mit verschiedenen Bällen machen, sowohl was Materialbeschaffenheit als auch was Anwendungs-, Gestaltungs- und Spielmöglichkeiten betrifft. ◄

*Manchmal ist es einfach ein Fußball, der Kinder zusammenbringt.*

© Anja Doehring

# Ich mach ein Herz und schreibe Liebe rein

## Ein beinahe philosophisches Projekt für Kinder im Alter von 4 bis 6 Jahren

Text: Edith Ostermayer | Fotos: Gaby Dobbelfeld, Kindertagesstätte Spielkiste e.V.

Kinder haben ihre eigenen Fragen ans Leben und philosophieren über die Dinge dieser Welt. Das Phänomen der Liebe berührt sie persönlich und umgibt sie täglich. Sie erleben, wie ihre Eltern oder andere Erwachsene von Liebe sprechen, sich umarmen und küssen. Auch sie selbst sprechen von Liebe und vom Verliebtsein in einen Freund oder eine Freundin. Doch welche Facetten umfasst das Gefühl „Liebe“? Wie fühlt sich das an? In welcher Gestalt kann sie sich uns zeigen? Was sind die Schattenseiten der Liebe? Wenn in Kindertageseinrichtungen Gefühle Raum bekommen und ihnen ganz bewusst nachgespürt wird, werden wertvolle Grundlagen für die Entwicklung der emotionalen Kompetenz geschaffen.

**Altersgruppe**
Kinder im Alter von
4 bis 6 Jahren

**Räumliche Voraussetzungen**
- Gruppenraum in der Kita – regelmäßig
- Ruheraum – einmalig

**Materialien**
- Schreibblock
- Papier und Stifte
- Ton
- Kassettenrekorder oder CD-Player
- Musik, geeignet für eine Traumreise
- Kamera

## Wie kam es zu dem Projekt?

Annika hat ein Bild mit einem Vampirmädchen und einem Vampirjungen gemalt, die sich lieben. „Guck mal, Lena, die sind ineinander verliebt. Deshalb habe ich denen auch Herzen in die Augen gemalt", erzählt Annika ihrer Erzieherin Lena mit einem Lächeln auf den Lippen.

Lena gefällt das Bild sehr gut und sie fragt Annika, ob sie es im Gruppenzimmer aufhängen möchte. Das möchte Annika gern, und sie entscheidet sich dafür, das Bild an der Themenwand für die „Guten-Morgen-Konferenz" aufzuhängen. An dieser Wand befinden sich Bilder und andere Informationen, die in der täglichen Gesprächsrunde beraten oder gezeigt werden sollen. Die Kinder können diese Wand ebenso bestücken wie die Erwachsenen. Da Annika bemerkt, wie sehr das Bild der Erzieherin gefallen hat, ist sie mächtig stolz und glaubt, dass auch die anderen Kinder und Erzieherinnen sich darüber freuen, wenn sie es ihnen zeigt. An demselben Morgen noch fragt Lena in der Guten-Morgen-Konferenz, wer den anderen Kindern noch etwas sagen oder zeigen möchte. Daraufhin meldete sich sofort Annika zu Wort und zeigt ihr Bild mit den beiden verliebten Vampiren.

*Über Gefühle zu sprechen, will gelernt sein: Im Zorn ist allzu schnell etwas Falsches gesagt, im Guten fallen die richtigen Wort manchmal schwer.*

Lena bittet sie, ihr Bild zu beschreiben und zu erklären, was sie mit Begeisterung ausführt. Sie erzählt von den Vampirkindern, die verliebt sind und Herzen in den Augen haben. Die anderen Kinder hören aufmerksam zu, sie lächeln und zeigen Neugierde. Lena greift dieses spürbare Interesse auf und fragt: „Wie ist das, wenn man verliebt ist?" „Das fühlt sich an, als ob man Schmetterlinge im Bauch hat", berichtet Charlotte. Lena staunt und möchte wissen, wie es sich anfühlt, wenn man Schmetterlinge im Bauch hat. „Es kribbelt und ist irgendwie komisch", sagt Charlotte ernst. Lena ist beeindruckt und fragt, ob man dann wirklich Schmetterlinge im Bauch hat. Die Kinder sind sich alle einig, dass das natürlich nicht so ist. Lena bestätigt sie: „Stimmt. Man sagt deshalb, dass es ein Symbol, also ein Zeichen für das Verliebtsein ist. Kennt ihr noch andere Symbole für Liebe?" „Ja, ich kenn noch eins: das Herz", sagt Katharina. Lena greift dies auf und zeigt, dass auch Annika das in ihrem Bild gezeichnet habe, schließlich hätten die beiden Vampire Herzen in den Augen. Jule weiß, dass ein Mann einer Frau manchmal eine rote Rose schenkt. Das sei auch ein Zeichen, dass er sie liebhabe. Marie ergänzt, dass man manchmal rot wird, wenn man sich verliebt. Sie stellt fest, dass das Herz, die Rose und die Wangen rot sind und sagt kurzentschlossen: „Rot ist die Farbe der Liebe."

*Wenn zwei sich küssen heißt das, dass sie sich lieben.*

© Marzanna Syncerz

Es entwickelt sich ein ausführliches und angeregtes Gespräch darüber, dass Mamas und Papas ineinander verliebt sind und dass manche Kinder in der Gruppe sogar einen Freund oder eine Freundin haben, die sie ganz doll liebhaben oder in die sie verliebt sind. Die Kinder stellen durch Lenas Nachfragen fest, es komme vor, dass ein Junge Freunde und Freundinnen haben kann und dass auch Mädchen Freundinnen und Freunde haben können. Lena fragt die Kinder, ob sie wissen, was zwei Menschen machen, die ineinander verliebt sind. „Die umarmen sich", sagt Annabel und umarmt spontan ihre Nachbarin. „Die küssen sich", ruft Simon und küsst seinen Freund auf die Wange, woraufhin alle Kinder lachen. Es entsteht ein freudiges und lebhaftes Sich-Umarmen und Sich-Küssen in der Runde.

Den jüngeren Kindern wird das zu wild, und es ist spürbar, dass ihnen diese unbefangenen und zum Teil heftigen Gefühlsäußerungen nicht sehr behagen. Lena unterbricht das gegenseitige Umarmen und Küssen, indem sie fragt, wie das bei den Kindern ist: „Küsst ihr jeden oder nur den, den ihr liebhabt?" Die Kinder bestätigen sofort, dass sie natürlich nur bestimmte Menschen küssen, die sie liebhaben, und zählen sofort einige Personen auf, auf die das zutrifft, und zu welchen Gelegenheiten sie die küssen: beim Aufwachen, beim Zubettgehen, beim Vorlesen etc.

Die Erzieherin bemerkt, dass die Kinder die ganze Thematik des Liebhabens und Verliebtseins sehr spannend finden und dass sie gern mehr darüber erfahren würden. Lena fragt, wer sich gut damit auskennt, woraufhin sich spontan sieben Mädchen melden. Es fällt auf, dass sich ausschließlich Mädchen melden. Lena stellt fest, dass vorhin doch auch einige Jungs ziemlich viel über die Liebe gewusst hätten. Nach und nach melden sich noch zwei Jungen. Sie schlägt vor, sich nach der Guten-Morgen-Konferenz noch mehr über das Thema zu erzählen, und vereinbart dazu als Treffpunkt einen größeren runden Tisch im Gruppenraum.

*Die Kinder berichten, wie es ist, wenn sie jemanden liebhaben.*

## Kompetenzen im Blickpunkt

**Ganzheitliche Förderung:**

- emotionale Kompetenz, soziale Kompetenz
- Empathie
- Selbstwirksamkeit und Selbstständigkeit
- Eigeninitiative
- Konfliktlösungskompetenz
- Sprachkompetenz
- kreative Ausdrucksfähigkeit
- Körpererfahrung

**Spezielle Förderung:**

- Gefühle differenziert wahrnehmen und benennen

## Kooperation mit Eltern

**Aktives Einbeziehen:** Kinder befragen ihre Eltern zu Themen innerhalb des Projektprozesses; Themen werden in den Familien fortgeführt; Eltern studieren die Projektwand im Gruppenraum.

**Dokumentation:** Erstellen von Gesprächsprotokollen durch die Erzieherin; Visualisieren der Fragen und Forschungsergebnisse der Kinder an einer Korkwand im Gruppenraum: „sprechende Wand" (durch schriftliche Darstellungen, von Kindern gezeichnete Bilder und Fotos); Ausstellung der Werke der Kinder: Tisch für Tonarbeiten, Wand für Bilder; Übernahme einzelner Dokumentationen in die Portfolios

Die Guten-Morgen-Konferenz wird mit einem gemeinsamen Spiel beendet.

Lena glaubt, dass sich aus diesem Gespräch ein Projekt entwickeln kann. Sie überlässt die Gruppenbildung zunächst dem Interesse der Kinder. Sie stellt sich jedoch darauf ein, dass möglicherweise noch einige Kinder hinzustoßen, die sich erst später trauen – gerade die Jungen waren eben noch etwas zögerlich. Sie hat vor, im weiteren Verlauf des Projektes zu schauen, ob es Aspekte oder Fragestellungen gibt, mit denen sie die Jungen in der Gruppe für dieses Thema sensibilisieren kann. Die Erzieherin beschließt, immer wieder einmal in der Guten-Morgen-Konferenz über die aktuellen Themen der Projektgruppe zu berichten und in die Runde zu fragen, wer sich noch mit den verliebten Gefühlen auskennt und der Projektgruppe möglicherweise helfen kann, der einen oder anderen Frage oder Erkenntnis auf die Spur zu kommen.

### Welche Ziele hat das Projekt?

Nach der Konferenz trifft man sich an dem verabredeten Tisch. Neun Kinder, davon sieben Mädchen und zwei Jungen, und Lena. Die Mädchen sind im Alter zwischen vier und sechs Jahren, die Jungen beide fünf Jahre alt. Die Erzieherin beginnt mit einer Sammlung dessen, was die Kinder in der vorhergehenden Runde bereits darüber gesagt haben, wie sich das anfühlt, wenn man verliebt ist, welche Zeichen für Liebe es gibt, und was man tut, wenn man jemanden liebhat. Sie schreibt alles auf einen Schreibblock.

*Die Kinder tragen das Projektthema „Liebe“ in die Familien. Die Diskussion zieht Kreise.*

Die Kinder stellen fest, dass sie sich insbesondere dann gern verabreden und miteinander spielen wollen, wenn sie sich mögen. Die Erwachsenen heiraten, wenn sie verliebt sind. Und wenn Eltern sich streiten, dann trennen sie sich manchmal. Carina bemerkt, dass sich ihre Eltern auch manchmal streiten, aber trotzdem noch zusammenleben. Annabel fragt, ob Carinas Eltern sich dann trotzdem noch liebhaben. Es entstehen angeregte Diskussionen darüber, ob und wie oft man sich streiten darf, wenn

*Wer ganz dick befreundet ist, muss sich manchmal einfach umarmen.*

man verheiratet ist. Da sich die Kinder nicht einig werden, schlägt Lena vor, dass die Kinder ihre Eltern einmal fragen, wie sie das einschätzen. Carina will außerdem ihre Eltern fragen, ob sich das bei ihnen auch anfühlt, als hätte man Schmetterlinge im Bauch. Julian weiß, dass seine Eltern einen Ehering tragen. Daran erkenne man, dass sie verheiratet sind. Und außerdem stünde im Ehering seines Vaters der Name seiner Mutter. Die anderen Kinder wollen das bei ihren Eltern überprüfen. Annika erinnert sich daran, dass ihre Großeltern auch Ringe tragen. Sie will diese zusätzlich befragen.

## Projektdurchführung

**Methoden:** Gespräche in der Klein- und der Gesamtgruppe, Gesprächsprotokolle, Befragung der Eltern und anderer Personen durch die Kinder, Übertragen von Projektthemen in die Guten-Morgen-Konferenz, Zeit- und Raumabsprachen in der Kita, Einbeziehen der Kinder in die Dokumentation

**Zeitablauf:** regelmäßig: ritualisierte Gespräche nach der Guten-Morgen-Konferenz; unregelmäßig: Gespräche in der Guten-Morgen-Konferenz; Weiterführen der Gespräche in den Familien durch die Kinder, Gestalten mit Ton, Malen und Zeichnen; einmalig: Durchführen einer Traumreise

## Reflexion und weitere Initiativen

- Zielsetzung wurde erreicht
- Kommunikationsformen und Teilhabemöglichkeiten in der Gruppe wurden weiterentwickelt
- Fähigkeit zur Problemlösung wurde vertieft

**Ausblick:**

- Aufarbeitung des Themas durch das Spiel der Kinder
- Ausweitung des Projektthemas auf die Gesamtgruppe und die Familien

Lena schreibt alle Fragen der Kinder auf und was sie sich zur Aufgabe stellen. Dadurch unterstützt sie das Interesse und die Selbsttätigkeit der Kinder und bringt ihren Fragen sehr viel Wertschätzung entgegen. Sie traut ihnen zu, ihre Fragen selbst zu ergründen und ermöglicht ihnen dadurch Selbstwirksamkeit.

Man vereinbart, gleich heute die Eltern zu befragen, und Lena schlägt vor, sich am nächsten Tag nach der Guten-Morgen-Konferenz wieder am großen runden Tisch zu treffen. Lena möchte durch regelmäßige Gespräche mit der Projektgruppe die Fragen der Kinder immer wieder sammeln und deren Wissen zum Thema einbeziehen. Sie möchte sie dazu ermutigen, selbst ihren Fragen nachzuspüren, indem sie die Eltern oder andere Erwachsene befragen. Ihr Anliegen ist es, den Austausch über Gefühle sprachlich angemessen zu gestalten, Wörter für Gefühle zu finden, aber auch Wissen über Kultur, Traditionen und Brauchtümer auszutauschen. Darüber hinaus können Regeln des Zusammenlebens erschlossen werden: sich wertschätzen und mögen, sich streiten und wieder vertragen, sich helfen und unterstützen, Angst davor zu haben, nicht mehr gemocht zu werden oder einen lieben Menschen zu verlieren, und mit dieser Angst umgehen und anderes mehr.

Lena möchte über die Projektgruppe hinaus das Thema in der Guten-Morgen-Konferenz immer wieder in die Gesamtgruppe hineinstreuen und damit auch den anderen Kindern Lernprozesse ermöglichen und sie für die Aspekte dieses Themas sensibilisieren. Sie möchte einen selbstverständlichen, verlässlichen und sicheren Rahmen schaffen, in dem Jungen und Mädchen gleichermaßen ganz unbefangen über Gefühle – auch über ihre eigenen, die schönen und die nicht so schönen – sprechen und diesen nachspüren können. Neben dem sprachlichen Austausch will sie den Kindern Gelegenheiten bieten, auf anderen Erfahrungs- und Darstellungsebenen ihrem Wissen und ihren Gefühlen Ausdruck zu geben. Das kann in einer Traumreise geschehen, durch Malen und Zeichnen, das Gestalten mit Ton oder andere kreative Ausdrucksformen.

### Wie sieht die Planung aus?

Was muss vorbereitet, organisiert und beschafft werden? Bei jedem Treffen der Projektgruppe erfolgt ein Austausch über bisher Erfahrenes, Nachgefragtes und neue Erkenntnisse. Diese sowie neu aufkommende Fragen werden von der Erzieherin schriftlich festgehalten. Es wird immer wieder neu überlegt, woher man die Antworten auf bestimmte Fragen bekommen kann. Dabei werden die Kinder in die Überlegungen mit einbezogen und ermutigt, selbst Ideen zu entwickeln, wie man zu Lösungen

*Liebe fühlt sich rot an.*

kommen kann. Um Antworten auf ihre Fragen zu finden, bietet sich ihre nähere soziale Umgebung an: die Familie, die Eltern und Großeltern, aber auch die eigenen Freunde in der Kindergartengruppe, in der Nachbarschaft oder im Sportverein. Manchmal regt Lena an, noch offene Fragen in die Guten-Morgen-Konferenz einzubringen und dort die anderen Kinder zu befragen, was sie darüber wissen. Oder die Kinder in der Projektgruppe haben zu einem bestimmten Aspekt ganz unterschiedliche Erkenntnisse mitgebracht. Dann soll in der Gesamtgruppe nachgefragt werden, wie das bei den anderen Kindern ist. In der Projektgruppe werden manchmal auch unterschiedliche Fragestellungen auf verschiedene Kinder verteilt, die sie erkunden sollen. Dabei wird immer schriftlich festgehalten, wer welchen Auftrag hat. Lena möchte eine Geschichte und Musik für eine Traumreise suchen, in der ein Kind einen Freund findet und in der beschrieben wird, welche Gefühle dabei entstehen.

*15 bis 20 Minuten am Tag genügen, um das Projekt voranzubringen.*

Die Projektgruppe soll sich mehrmals die Woche bzw. nach Vereinbarung jeweils nach der Guten-Morgen-Konferenz am großen runden Tisch im Gruppenraum treffen. Die Dauer dieser Treffen soll sich auf etwa 15 bis 20 Minuten beschränken. Somit werden die Kinder nicht in ihren weiteren Interessen und Bedürfnissen beschränkt. Dennoch ist ein kontinuierlicher Rahmen für den Prozess geschaffen, der die Gesamtabläufe nicht weiter beeinträchtigt. Die meisten Vorgänge können parallel zum alltäglichen Gruppengeschehen oder sogar während der ohnehin regelmäßig stattfindenden Runde der Gesamtgruppe ablaufen. Die Traumreise soll in einem anderen Raum der Einrichtung, dem Ruheraum, an einem Vormittag stattfinden. Darüber wird das Gesamtteam informiert, und es werden entsprechende zeitliche Absprachen getroffen. Die Erzieherin Lena ist für das Dokumentieren der Gespräche und Ergebnisse zuständig. Dazu bezieht sie hin und wieder Kinder mit ein, die bestimmte Aspekte in Bildern darstellen sollen.

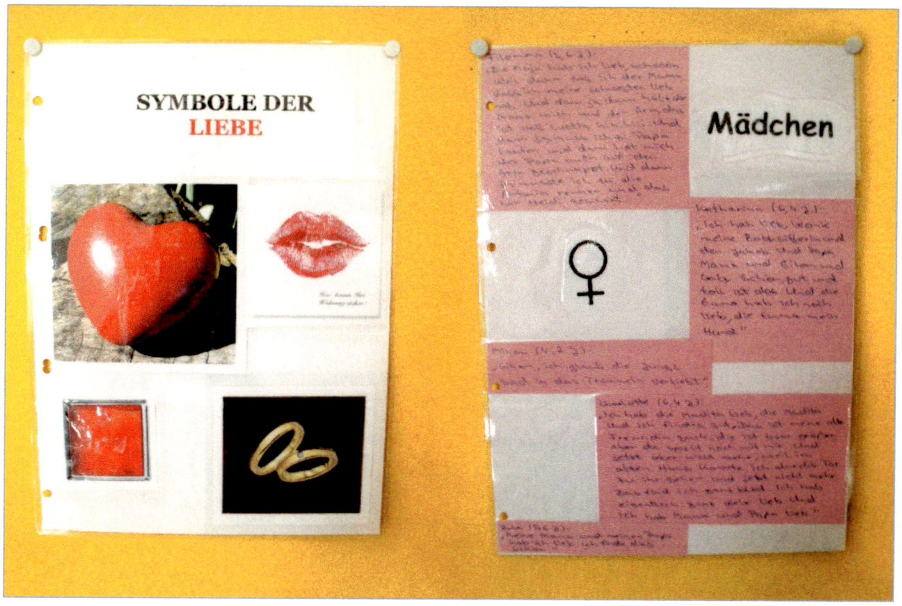


*Die Erzieherin sammelt mit den Kindern Symbole der Liebe und schreibt auf, was Mädchen und Jungen zu berichten wissen.*

## Wie sieht die Umsetzung des Projektes aus?

In den Treffen der Projektgruppe werden jeweils die aktuellsten Erkenntnisse ausgetauscht. Ebenso tauchen immer wieder neue Fragen auf: Es gibt Länder, in denen dürfen Männer mehrere Frauen heiraten. Wo darf das so sein, und warum ist das bei uns nicht so? Dazu will die Projektgruppe die Kinder mit anderem kulturellen Hintergrund fragen, ob deren Väter mehrere Frauen haben. Wie ist das eigentlich, wenn Eltern sich streiten? Und wie vertragen sie sich wieder? Dazu berichten die Kinder von dem, was sie in ihrer Familie erleben. Ein Kind erzählt, dass seine Eltern geschieden sind, weil sie sich zu viel gestritten haben, und dass es seinen Papa jetzt nur noch am Wochenende sehen kann. Darüber ist es sehr traurig. Die anderen Kinder spüren diese Traurigkeit und wollen, dass das Kind wieder zuversichtlicher wird. Sie schlagen ihm vor, dass es den Vater doch jeden Tag anrufen oder ihm immer ein Bild malen kann, das es dann mitbringt und über das er sich dann sehr freut. Die Kinder kommen sehr häufig selbst auf Ideen und entwickeln für andere Kinder Lösungen, wie diese mit unschönen Gefühlen umgehen können. Sie entwickeln sehr viel Einfühlungsvermögen und gegenseitige Unterstützung. Lena regt zwischenzeitlich immer wieder neue Aspekte aus dem unmittelbaren Erfahrungsfeld der Kinder an: „Wie ist das, wenn ihr euch mit einem Freund oder einer Freundin streitet? Und wie kommt ihr wieder zusammen?“

*Kreative Darstellungsformen können die Projektdokumentation bereichern.*

Um die Überlegungen und Eindrücke der Kinder zu vertiefen, bietet Lena zuweilen weitere, kreative Ausdrucksformen an. Zu dem Aspekt „Zeichen und Symbole für Liebe" stellt sie Ton zur Verfügung. Die meisten Kinder formen ein Herz, manche eine Blume. Annabel gestaltet zwei Menschen, die sich umarmen. Philipp modelliert einen Liebesbrief. Charlotte möchte, dass Lena ihr das Wort „Liebe" aufschreibt, denn das möchte sie dann selbst in das Herz hineinschreiben.

*Diese beiden kennen sich schon mit der Liebe aus.*

Weitere Themen kommen auf:

- Was ist eine Verlobung?
- Was heißt Scheidung?
- Wer war schon mal auf einer Hochzeitsfeier? Wie war das?

Auf die Frage, wessen Väter aus der Gesamtgruppe mehrere Frauen haben, fand sich niemand. Daraufhin gab es beinahe Streit. Julian erklärte, sein Vater habe gesagt, in anderen Ländern sei das so, und einige Kinder seien doch aus einem anderen Land. Lena musste eingreifen und erklären, dass dies nur auf bestimmte Länder zutreffe und die Familien dieser Kinder wohl nicht aus solchen Ländern kämen. Außerdem komme es zuweilen vor, dass Menschen aus anderen Ländern mit ihren Traditionen brechen und in unserer Kultur die hier praktizierten Brauchtümer und gesellschaftlichen Normen übernehmen.

## Wie kann die Projektdokumentation aussehen?

Lena hält den Projektverlauf in einem Protokoll fest, das den Kern der Dokumentation bildet. Darüber hinaus hängt sie an einer Korkwand im Gruppenraum immer wieder neue Fragen der Kinder aus und visualisiert die unterschiedlichen Antworten, einschließlich der Antworten von Eltern oder Verwandten. Nach und nach entsteht eine Projektwand, sozusagen eine „sprechende Wand". Sie umfasst geschriebene Sätze, aber auch gemalte Bilder der Kinder. Lena bezieht die Projektgruppe in den Dokumentationsprozess ein.

Anhand der Projektwand können auch die anderen Kinder der Gruppe nachvollziehen, womit sich das Projektteam aktuell beschäftigt. Die Kinder können sich durch diese Wand gegenseitig davon berichten, was sie jeweils besprochen, überlegt und erkannt haben. Sie stellt den roten Faden für den Projektverlauf dar. Später kommt noch der Text für die Traumreise hinzu. Die entstandenen Zeichnungen und Bilder der Kinder werden im Gruppenraum nahe der Projektwand aufgehängt und die Tonarbeiten auf einem Tisch ausgestellt. Lena macht zwischendurch immer wieder einmal Fotos, wenn Kinder in Aktion sind. Diese werden ebenfalls an die „sprechende Wand" gehängt. Nach dem Projekt kommen einzelne Fragen, Antworten und Erkenntnisse der beteiligten Kinder als Lerngeschichte in ihr Portfolio. Ebenso Zeichnungen, Bilder und Fotografien der Tonarbeiten.

## Wir schauen zurück – Projektauswertung

Lena hat die Kinder sehr in ihrer Selbstwirksamkeit unterstützt. Sie haben zunehmend offener und sicherer ihre Fragen formuliert und eigenständig Ideen entwickelt, wie sie etwas in Erfahrung bringen können. Somit wurden sie in ihrer Selbstständigkeit gefördert. Lena ist es durch ihre wertschätzende Haltung den Fragen der Kinder gegenüber gelungen, eine Atmosphäre der Sicherheit und des Vertrauens zu schaffen. In diesem Rahmen war es den Kindern möglich, Lenas Verhalten als Vorbild für ihren Umgang mit den anderen Kindern, deren Erfahrungen, Fragen, Problemen und Gefühlen zu verstehen und darauf einzugehen. Dies förderte ihre Fähigkeit zur Empa-

*Herzen, eine Blume und zwei Menschen, die sich umarmen.*

*An deiner Hand geht es mir gut.*

thie und zur gegenseitigen Achtung. Die Kinder wurden für den Wert einer Freundschaft sensibilisiert und diskutierten, wie diese zu pflegen und zu schützen sei. Sie erkundeten, wie man ein friedliches Miteinander leben, regeln und gestalten kann, speziell auch im Kindergartenalltag.

Konflikte wurden zum Gesprächsthema, der Umgang mit ihnen diskutiert. Über die Projektgruppe hinaus wurden diese Aspekte zum Thema für die ganze Gruppe, indem Lena immer wieder prüfte, von welchen Gesichtspunkten des Projektes die Gesamtgruppe profitieren könnte. Auf diesem Weg konnte sie nicht nur noch mehr Kinder, sondern auch speziell die Jungen in der Gruppe ansprechen und aktiv mit einbinden.

Vor allem die Mädchen griffen aktuelle Aspekte des Projektes, wie Verliebtsein, Heiraten oder auch Streit in der Familie in ihren Rollenspielen auf. Die Jungen beschäftigte vorwiegend das Thema Konflikte. In etlichen Situationen auf dem Bauteppich oder auch im Turnraum, wo strittige Situationen häufig auftreten, wurden mit einem Mal eigenständige und durchaus sachliche Lösungsstrategien angewandt. Insgesamt war zu beobachten, dass Freundschaften bewusster ausgelebt und auch offen gezeigt wurden, gleich, ob sie gleich- oder gegengeschlechtlich waren.

Die Eltern interessierten sich zunehmend für das Projektthema, da sie immer wieder von ihren Kindern dazu befragt wurden. Sie kamen in den Gruppenraum hinein und schauten sich die Korkwand mit all den Fragen an, die die Kinder beschäftigten. Sie waren sehr beeindruckt, wie aktiv die Kinder in den Prozess und dessen Dokumentation eingebunden waren. Einige Eltern berichteten davon, dass ihre Kinder in schwierigen Situationen zu Hause Regeln vorschlugen, die zur Lösung des Konfliktes beitragen sollten.

Lena und ihre Kollegin wiederum geben rückblickend an, dass sich seit diesem Projekt das Zusammenleben in der Gruppe viel angenehmer gestaltet und die Kinder viel eigenständiger mit Auseinandersetzungen umgehen. Sie achten bei Konflikten gegenseitig auf das Einhalten eines bestimmten Verhaltens und treten zuweilen sogar als Streitschlichter auf. Das ursprüngliche Thema „Liebe" wurde so zu einem sehr ganzheitlichen Thema des sozialen Miteinanders in der Gruppe.

### Welche Vernetzungen mit anderen Bildungsbereichen lassen sich erkennen?

Durch den regelmäßigen Austausch bei den Treffen der Projektgruppe fand eine durchgängige sprachliche Förderung statt. Ebenso wurden bei vielen Fragen und Lösungsversuchen ethische, religiöse oder philosophische Aspekte berührt. So z. B. bei der Frage, ob Männer nur Frauen heiraten können oder auch andere Männer. Oder bei der Frage, ob man in jemanden Liebe hineinhexen kann, wenn derjenige einen nicht mag. Durch die Traumreise oder andere Sinnesübungen konnten die Kinder wichtige Körpererfahrungen machen. Ebenso wurden sie angeregt, ihren Eindrücken und Vorstellungen auch auf kreative Art und Weise Ausdruck zu geben. Dies geschah über den Einsatz von Papier und Stiften und das Gestalten mit Ton. Ebenso fanden sich viele dieser Erlebnisse und Aspekte im kreativen Spiel der Kinder wieder. Die Förderung der emotionalen und sozialen Kompetenz zog sich jedoch wie ein roter Faden durch die Prozesse und stand eindeutig im Vordergrund. ◄

# Bald fängt die Schule an

## Den Übergang in einem Projekt vorbereiten

Text: Edith Ostermayer | Fotos: Anja Doehring

Der Übergang von einer Bildungsinstitution in die nächste ist ein Prozess, der mit Veränderung und Entwicklung der Identität verbunden ist. Häufig tritt Unsicherheit ein: Wird die neue Herausforderung „Schule" zu bewältigen sein? Kinder müssen für diesen Übergang Sicherheit entwickeln, gerüstet sein. Sie müssen ihre Fähigkeiten kennen und in ihren Ressourcen gestärkt werden. Sie benötigen Informationen über die Institution Schule: Was erwartet sie dort? Mit diesem Wissen ausgestattet, können sie sich auf einen wichtigen, neuen und zugleich spannenden Lebensabschnitt freuen. Kinder, die in ihren frühen Lebensjahren erleben, dass ihnen Übergänge gelingen, reagieren später offener auf neue Herausforderungen.

**Altersgruppe**
Kinder vor dem Wechsel in die Grundschule

**Räumliche Voraussetzungen**
- Turnraum
- Schule
- unterschiedliche Exkursionsorte

**Materialien**
- Schreibblock und Stift
- Papier und Malstifte
- Papierrolle
- Kleber
- Ordner mit Registern
- Kamera

## Wie kam es zu dem Projekt?

Im Team der Kindertagesstätte Regenbogen steht wie immer zu Beginn des neuen Kindergartenjahres die Frage an, wie man den aktuellen Jahrgang der Schulanfänger auf ihren bevorstehenden Wechsel vorbereiten möchte. Die Tagesstätte bietet für die Kinder dazu jährlich ein gruppenübergreifendes Schulanfänger-Projekt an, das sich über das ganze letzte Kindergartenjahr erstreckt. Dabei werden mit den Kindern oftmals besondere Exkursionen durchgeführt oder sonstige außergewöhnliche Aktivitäten geplant. Es sind in stetem Wechsel stets zwei andere Fachkräfte für die Planung und Durchführung des Projektes verantwortlich.

In diesem Jahr übernehmen Julian und Inge das Schulkinder-Projekt. In ihrem ersten Planungsgespräch reflektieren sie die Aktivitäten der vergangenen Jahre innerhalb dieses Projektbereichs. Sie stellen fest, dass es immer wiederkehrende Elemente gab, wie den Besuch bei der Feuerwehr, bei der Polizei, beim Zahnarzt. Es sind Aktivitäten, die seit Jahren auf die gleiche Weise angeboten und durchgeführt werden. Die künftigen Schulanfänger wissen aus den Berichten der Kinder der Vorjahre bereits, was sie erwartet. Da die Impulse bislang jeweils ausschließlich von den Erzieherinnen gesetzt wurden, möchten Julian und Inge in diesem Jahr gern Aspekte mit hinzunehmen, die an den ganz konkreten und aktuellen Interessen der Kinder im Hinblick auf den baldigen Schuleintritt angelehnt sind.

Während der weiteren Überlegungen und Reflexionen fällt ihnen auf, dass die Kinder in diesen Projekten bisher stets nur in Bezug auf ihre Vorfreude auf die Schule angesprochen wurden. Die Pädagogen haben jedoch die Erfahrung gemacht, dass Kinder zuweilen auch unsicher sind, wenn sie an den Schuleintritt denken, dass sie viele Fragen haben und manchmal auch von Ängsten verunsichert werden. Genau diesen Aspekt wollen Julian und Inge in ihrem Schulanfänger-Projekt aufgreifen.

## Welche Ziele hat das Projekt?

Der Erzieher und die Erzieherin möchten in Gesprächen mit den Schulanfängern deren Vorstellungen aufgreifen: Was erwarten die Kinder von der Schule? Welche Fragen oder möglicherweise Sorgen bewegen sie? Von diesen Vorstellungen ausgehend, wollen Julian und Inge überlegen, wie die Kinder ihre inneren Vorstellungen und Erwartungen konkretisieren und mitteilbar machen können. Wie kann man ihnen zudem Schule lebensnah erfahrbar machen? Die Kinder sollen Erfahrungen sammeln können, die ihnen Sicherheit geben. Sie sollen verstehen, was auf sie zukommt, und Vertrauen aufbauen, dass sie damit gut zurechtkommen werden.

Julian und Inge wollen die Kinder motivieren, ihre Anliegen, Ideen, Fragen, Wünsche und Bedenken zu äußern. Gesprächsinhalte, Ziele und Vereinbarungen sollen dann in einer Form festgehalten werden, die auch für Kinder zu entschlüsseln ist. Fragen, Antworten, Pläne und Vorhaben sollen möglichst als Kinderzeichnungen visualisiert werden. Durch dieses Verfahren sollen sich die Kinder als selbstwirksam erleben und so in ihrem Selbstvertrauen und Selbstbewusstsein gestärkt werden. Sie sollen erfahren, dass auch sie Gehör finden und etwas mitgestalten können.

> *Damit Übergänge gelingen, müssen Kinder Vertrauen zu den Erwachsenen haben, die sie dabei begleiten: zu den Erzieher/innen, den Lehrer/innen und natürlich auch zu ihren Eltern.*

Die Vorschulkinder sollen jedoch auch die bisherige Tradition der Einrichtung erleben dürfen: die bekannten und auch beliebten Exkursionen. Durch diese besonderen gemeinsamen Erlebnisse können die Kinder als Gruppe der Schulanfänger zusammenwachsen und sich auch untereinander besser kennenlernen. Sie erleben dabei gleichzeitig ihre besondere Rolle in der Einrichtung als die „Großen“, die bald in die Schule gehen. Darüber wachsen sie unmittelbar in ihre neue Identität hinein. Regelmäßige Treffen der Projektgruppe sollen den Kindern Sicherheit und Orientierung bieten und gleichzeitig Motivation für ihre Aktivitäten innerhalb dieser Gruppe schaffen.

Auch die Eltern der angehenden Schulkinder sollen dafür sensibilisiert werden, welches Spektrum an Gefühlen und Gedanken ihr Kind mit dem Eintritt in die Schule zu bewältigen hat. Dies soll über Elternbriefe und Dokumentationen erfolgen.

### Wie sieht die Planung aus?

Was muss vorbereitet, organisiert und beschafft werden? Am Anfang des Projektes soll ein erstes Treffen der Vorschulkinder als Gruppe stattfinden. Die Fachkräfte in den Gruppen informieren die Kinder darüber, dass Julian oder Inge zu einer vereinbarten Zeit mit einem Gong durch die Gruppen gehen werden, um den Kindern ein Startsignal für das Projekttreffen zu geben. Nach diesem ersten Zusammenkommen will man sich regelmäßig einmal wöchentlich treffen. Erfahrungsgemäß bietet sich dazu der Vormittag an, da die Kinder dann verlässlich in der Einrichtung anzutreffen sind. Manche Kinder haben nachmittags anderweitige Termine oder Vorhaben, sodass sie nicht immer im Haus sind.

*Große Projektgruppen brauchen besondere Organisationsformen und Rücksprachen im Team.*

Da die Gruppe der Schulanfänger in diesem Jahr 26 Kinder umfasst, beschließen Julian und Inge, die Projekttreffen im Turnraum stattfinden zu lassen. Dort liegen Teppichfliesen bereit, die den Kindern als Sitzfläche dienen können. Beim ersten Mal wollen Julian und Inge mit den Fliesen einen Kreis legen. Zu den weiteren Treffen liegen die Fliesen jeweils auf einem Stapel bereit, und die Kinder holen sie sich selbst. Als Zeitpunkt für die Projekteinheiten bietet sich der Freitagvormittag um 10.30 Uhr an, da der Raum dann nicht für andere Aktivitäten genutzt wird. Die Einheiten sollen etwa eine Stunde dauern. Sollte hin und wieder einmal eine Verlängerung notwendig werden, ist nach 11.30 Uhr immer noch genügend Zeit bis zum Mittagessen der Ganztagskinder bzw. zum Abholen der Regel- oder Teilzeitkinder. Das Projekt soll im September vor dem Einschulungsjahr beginnen.

Julian und Inge bitten die Kinder zu überlegen, was sie bereits über die Schule wissen. Geplant ist, im Anschluss an das Projekt sogar mehrere Besuche in der Schule durchzuführen. Die Kinder könnten die räumlichen Gegebenheiten eines Schulgebäudes erkunden und vielleicht sogar einen Probeunterricht besuchen. Eventuell könnte eine weitere Aktivität entstehen, indem die angehenden Schulkinder mit einer ersten Klasse zum Spielen zusammentreffen. Julian und Inge wollen mit ihren Projektaktivitäten jedoch offen für Anregungen und Wünsche der Kinder bleiben bzw. die Aktionen an den Interessen der Kinder ausrichten. Sie würden gern in der Gruppe gemeinsam beschließen, was in welcher Reihenfolge umgesetzt werden soll. Dazu sind Abstimmungsmethoden einzuführen.

Während der Projekttreffen wollen sich Julian und Inge mit der Gesprächs- und Protokollführung abwechseln. Sie werden immer einen Schreibblock dabeihaben und eine Kamera, mit der Gesprächssituationen oder andere Aktivitäten festgehalten werden können. Alle Niederschriften sollen in einem großen Ordner gesammelt werden, den die Erzieher zu den jeweiligen Projektgruppentreffen mitbringen. Auf diesem Weg kann der jeweils aktuelle Stand der Dinge nachvollzogen werden.

## Kompetenzen im Blickpunkt

**Ganzheitliche Förderung:**
- Schulfähigkeit
- emotionale und soziale Kompetenzen
- Selbstsicherheit, Selbstbewusstsein
- Kommunikationskompetenz
- Sachwissen über Schule, verschiedene Berufe und andere Projektthemen
- Sicherheit im Straßenverkehr

**Spezielle Förderung:**
- Übergangskompetenz (Transitionskompetenz)
- Selbstvertrauen, Identität

## Kooperation mit Eltern

**Aktives Einbeziehen:**
- Elternbrief, Elterninformation zu einzelnen Projektvorhaben, Elternabend in der Schule

**Dokumentation:**

Protokollieren der Gespräche in der Projektgruppe, Anlegen eines Projektordners, Sammlung von Abstimmungsergebnissen auf einer Papierrolle, Dokumentationswand im Flur der Einrichtung, Ablegen der Kurzberichte zu den verschiedenen Projekteinheiten in die Portfolios der Kinder

Damit auch die Eltern über das Projekt informiert werden, wollen Julian und Inge vorab einen Elternbrief verfassen, in dem sie den Familien die Projektidee vorstellen. Ihnen ist wichtig, dass die Eltern in die Vorbereitung ihres Kindes auf diese neue Rolle eingebunden sind. Sie laden die Eltern ein, sich an einer dafür bestimmten Wand im Flurbereich der Kindertageseinrichtung regelmäßig über den Projektverlauf zu informieren.

*Julian trägt im Gruppenkreis der Großen mit den Kindern zusammen, was sie bereits über die Schule wissen.*

## Wie sieht die Umsetzung des Projektes aus?

### Das erste Projekttreffen

In dem ersten Treffen erklärt Julian den Kindern zunächst, warum sie sich heute alle im Turnraum zusammengefunden haben und dass sie dies die nächsten Wochen immer wieder zu derselben Zeit tun werden. Er fragt die Kinder, welche Vorstellungen sie davon haben, was sie in der Projektgruppe der Schulanfänger alles machen werden. Eifrig teilen etliche Kinder ihr Wissen darüber mit, was die bisherigen Schulneulinge immer gemacht haben. Inge bittet die Kinder, nicht allzu sehr durcheinanderzurufen, damit sie alles verstehen und mitschreiben kann.

Julian berichtet, Inge und er würden vermuten, dass sicher viele der Kindern wissen wollten, wie das so in der Schule sei. „Ich weiß, wie das ist. Da muss man Hausaufgaben machen und hat Pausen“, ruft Micha. „Ja! Und manchmal kriegt man auch eine Strafarbeit. Mein Bruder hat letzte Woche eine bekommen und musste ganz viel schreiben“, weiß Paul. „Da muss man auch still sitzen und zuhören“, erzählt Jonas. Inge schreibt mit. Nach einer Weile fragt sie zurück: „Ihr habt gesagt, da gibt es manchmal Strafarbeiten. Und da muss man still sitzen und zuhören. Habt ihr auch eine Idee, warum das so ist?“ „Na, weil das in der Schule so ist. Da darf man nicht aufstehen, sonst schimpft der Lehrer.“ „Und wenn man nicht ruhig sitzen bleibt und rumzappelt, kriegt man eine Strafarbeit“, erklären ein paar Kinder. Inge denkt laut nach: „Hmm ... Im Kindergarten bekommt

## Projektdurchführung

**Methoden:** Gespräche in der Projektgruppe, Sammeln von Ideen, Abstimmungsverfahren, Vereinbarungen von Hausaufgaben für nächste Treffen, Fotografieren, Malen, Zeichnen, Kleben, Interviews von Experten, verschiedene Exkursionen, Dokumentieren in unterschiedlichen Zusammenhängen

**Zeitablauf:** Ritualisierte Treffen der Projektgruppe, Sammlung von Ideen zu Projektinhalten, Abwechseln von Aktivitäten zum Erkunden der Institution Schule und traditionellen Exkursionszielen des Projekts, Elternabend in der Schule, Übernachtung in der Kita mit anschließender Verabschiedung der Schulanfänger

## Reflexion und weitere Initiativen

- Zielsetzung wurde erreicht
- die Kooperation zwischen Kita und Grundschule konnte vertieft werden: Besuch einer Lehrerin in der Kita, Schulführung durch die Schulleitung, Briefe der Lehrerinnen und Lehrer an die Schulanfänger
- die Schulanfänger aller Kitas der näheren Umgebung der Schule konnten sich kennenlernen und werden sich am ersten Schultag wieder begegnen

**Ausblick:** Ausweiten und Vertiefen des Kontaktes zwischen dem pädagogischen Fachpersonal der verschiedenen Kitas vor Ort sind wünschenswert

*Mit Fast-Schulkindern sind anspruchsvollere Projekte möglich.*

ihr doch auch keine Strafarbeit, wenn ihr nicht ruhig sitzt." „Ja, aber in der Schule ist das so", sagt Jonas. Inge schlägt vor, dass die Kinder mit Geschwistern, die in die Schule gehen, einmal nachfragen können, warum das so ist. Micha will auch seinen Papa fragen: „Der weiß das auch." Julian fragt, was die Kinder sonst noch über die Schule wissen. „Da hat man ein Klassenzimmer. Und da stehen Tische und Stühle drin und eine große Tafel." „Und man darf sein Frühstück nur in der Pause essen", rufen wieder ein paar andere.

Inge schreibt weiterhin mit. Nach einer Weile liest sie noch einmal vor, was die Kinder alles über die Schule gesagt haben. Sie liest auch vor, was die Gruppe nicht einzuschätzen wusste: still sitzen zu müssen, sein Frühstück nur in den Pausen zu essen, sich mit der Hand zu melden, wenn man etwas sagen möchte und so fort. Die Kinder bekommen als Hausaufgabe auf, das bis zum nächsten Mal bei ihren Geschwistern oder Eltern zu erfragen.

„Und wann fahren wir zur Polizei?", fragt Micha. Julian antwortet, sie müssten noch gemeinsam überlegen, wann sie all die Dinge machen wollten, die sie zu Anfang genannt hätten. Er schlägt vor, beim nächsten Treffen weiter darüber nachzudenken. Dazu wäre es gut, wenn sich die Gruppe dann auch an alle Sachen erinnern könnte. Er fragt in die Runde, wer denn Lust habe, Bilder zu den Ausflugsvorschlägen zu malen, zu Feuerwehr, Polizei oder Zahnarzt. Sofort melden sich einige Kinder. Sie dürfen selbst wählen, wozu sie ein Bild malen möchten. Inge schlägt vor, das direkt im Anschluss zu machen. Sie wolle noch Papier und Stifte holen und dann könne es losgehen. Julian erinnert noch einmal an die Hausaufgaben, und das erste Treffen ist zu Ende.

## Das zweite Projekttreffen

Bei der nächsten Projekteinheit liegt in der Mitte des Turnraumes ein großer roter Ordner auf dem Boden. Die Kinder werden eingeladen, sich mit ihren Teppichfliesen um ihn herum in einen Kreis zu setzen. Julian stellt vor, was dieser Ordner für eine Funktion hat. Er schlägt ihn auf und liest vor, was die Gruppe im ersten Treffen alles gesammelt hat.

Dann fragt er, ob die Kinder ihre Hausaufgaben gemacht hätten. Alle nicken und rufen: „Ja!" Nach und nach liest Inge die Punkte vor, die zu Hause erfragt werden sollten und macht nach jedem Punkt eine Pause, damit die Kinder ihr Wissen einbringen können.

Bei vielen Punkten berichten die Kinder, dass sie von Eltern oder Geschwistern die Antwort erhalten haben: „Das ist eben so in der Schule." Keiner habe so richtig sagen können, welche Gründe es für die verschiedenen Sachverhalte gäbe. „Mein Papa hat gesagt: ‚In der Schule kann man nicht mehr einfach machen, was man

*Für den Besuch der Lehrerin wird ein Kuchen gebacken.*

will. Da fängt der Ernst des Lebens an'", erzählt Paul. Inge stellt fest, dass sie nun immer noch nicht richtig wüssten, warum dies und jenes in der Schule sei, wie es sei. „Gibt es denn jemanden, der das wirklich wissen könnte?" „Hmmm... vielleicht die Lehrer", sagt Johanna. „Das könnte ja gut sein, dass die Lehrer das wissen", erwidert Julian. „Dann müssen wir die Lehrer fragen", schlägt Jonas vor. „Und wie könnten wir das machen?", will Inge wissen. „Hingehen!" „Anrufen!", rufen einige Kinder. Julian merkt an, dass die Lehrer ja schließlich Unterricht halten müssten und man nicht einfach so in die Schule spazieren könne. Inge schlägt vor, in der Schule anzurufen und zu fragen, ob ein Lehrer oder eine Lehrerin einmal zu ihnen in den Kindergarten kommen könnte. Das finden alle prima und Inge verspricht, sich darum zu kümmern. Sie schreibt auf, dass dies ihre Hausaufgabe für das nächste Treffen ist. Damit sie es nicht vergisst, notiert sie es zusätzlich auf einem Notizzettel.

Anschließend erinnert sie an die Idee der vergangenen Woche, zu überlegen, was von den vielen Anregungen und Vorschlägen zu Ausflügen in der Projektgruppe durchgeführt werden soll. Sie bittet die Kinder, die zu einem Thema ein Bild gemalt haben, dieses vorzustellen. Die Bilder werden auf dem Boden thematisch zusammengelegt. Es sind acht Themen. Jedes Kind erhält fünf Spielsteine, mit denen es durch Ablegen bei den entsprechenden Bildern seine Wünsche für die Ausflüge verdeutlichen kann, die während des Schulkind-Projektes möglich wären.

Nach der Abstimmungsphase wird zusammengezählt. Julian schlägt vor, dass die Kinder, die zu einem Thema ein Bild gemalt haben, sich zusammentun und die Spielsteine auf ihren Bildern zählen. Das wird auch gleich umgesetzt, und eifrig zählen die Kinder. Inge und Julian stehen zur Verfügung, wenn es Unsicherheiten oder Unstimmigkeiten bezüglich der Zahlen und Mengen gibt. Als alle so weit sind, bittet Inge die einzelnen Gruppen, vorzustellen, wie viele Stimmen ihr Thema erhalten hat. Nachdem die Kinder ihre Zahlen genannt haben, schreibt Inge die entsprechenden Ziffern jeweils auf einen kleinen farbigen Kreis und legt ihn zu den Bildern dazu.

Es entsteht folgende Rangordnung in der Abfolge der Themen:

- Polizei
- Feuerwehr
- Zoo
- Flugplatz
- Kindertheater
- Bäcker
- Metzger
- Zahnarzt

Inge bedankt sich bei allen Kindern, die sich an der Abstimmung beteiligt haben, sowie den „Zählmeistern" und erklärt das Wahlergebnis. Die Themen mit den meisten Punkten sollen zuerst umgesetzt werden, die mit weniger Stimmen danach und so weiter. Im Rahmen der Möglichkeiten werden die Ausflüge in dieser Reihenfolge durchgeführt.

Julian schlägt vor, alle Themen mit den Abstimmungsergebnissen auf einer langen Papierrolle aufzukleben. Diese kann, wenn man sie in der Projektgruppe braucht, an der Wand im Turnraum aufgehängt werden. Ansonsten versprechen Inge und Julian, dass sie sie gut aufbewahren und samt dem roten Ordner immer zu den Treffen mitbringen werden. Anschließend suchen sie noch einige Kinder, die helfen, alles auf die Rolle aufzukleben. Auch dies soll wieder direkt im Anschluss an das Treffen erfolgen. Zum Schluss verweist Inge noch einmal auf ihre Hausaufgabe und verspricht, beim nächsten Treffen zu berichten, welche Vereinbarung sie mit einem Lehrer oder einer Lehrerin treffen konnte. Außerdem würden sie dann auch überlegen, wann und wie der erste Vorschlag aus der Abstimmung umgesetzt werden könne.

*So sieht also die Schule aus.*

## Das dritte Projekttreffen

Am nächsten Freitag trifft sich die Projektgruppe zur gewohnten Uhrzeit im Turnraum. Der rote Ordner und die Papierrolle liegen in der Mitte. Inge berichtet eingangs, dass eine Lehrerin, Frau D., bereit sei, demnächst einmal in die Kindertageseinrichtung zu kommen und die Fragen der Kinder zu beantworten. Sie habe allerdings nur nachmittags Zeit. Da sich die Projektgruppe jedoch immer vormittags trifft, fragt sie, ob die Kinder bereit wären, auch einmal alle für einen Nachmittag zu kommen. Da manche Kinder nicht wissen, ob sie da vielleicht etwas geplant haben, schlägt Inge vor, dass Julian und sie jedem Kind einen Brief für die Eltern mitgeben, um den zeitlichen Rahmen frühzeitig zu klären. Die Briefe hätten sie schon vorbereitet und würden sie den Kindern am Ende des heutigen Treffens mitgeben. Sie betonen, dass es wichtig ist, dass die Kinder diese Briefe ihren Eltern zum Lesen geben. Anschließend bittet Julian zwei Kinder, die Rolle mit den Ausflugswünschen auszubreiten. Er verweist auf den Vorschlag, der die meisten Punkte erhalten hat. Einige Kinder haben das Ergebnis direkt parat: „Wir werden zur Polizei gehen!“ In der nun folgenden Gesprächseinheit sammeln Julian und Inge mit den Kindern die Aspekte, die am Polizeibesuch interessant sind. Sie schreiben auf, was sie erfahren möchten, aber auch, was sie über die Polizei und deren Aufgaben wissen. Auch heute wird alles genauestens protokolliert, damit die Gruppe alle wichtigen Fragen zur Stelle hat, wenn sie mit den Polizisten zusammentrifft. Julian schlägt vor, dass er gemeinsam mit zwei Kindern bei der Polizei anrufen und fragen wird, ob und wann die Projektgruppe einen Besuch im Revier abstatten könne. Er will die Kinder am Montag während des Freispiels benachrichtigen und mit ins Büro nehmen, damit sie zusammen telefonieren können. Die beiden sollen der Gruppe dann beim nächsten Treffen berichten, was sie in Erfahrung bringen konnten.

## Das vierte Projekttreffen

In der darauffolgenden Woche wird genau so vorgegangen. Julian bittet die beiden Mittelefonisten, von dem gemeinsamen Anruf bei der Polizei zu berichten. Die Gruppe erfährt, dass es wegen der hohen Kinderzahl schlecht möglich sei, die Polizei-Dienststelle zu besuchen. In drei Wochen wollten jedoch zwei Polizisten mit einem Streifenwagen in die Kindertageseinrichtung kommen und der Projektgruppe für deren Fragen zur Verfügung stehen. Die Kinder wollen wissen, ob sie auch zu dieser Aktion einen Brief für ihre Eltern erhalten. Inge schlägt vor, an die große Infowand im Flur eine entsprechende Elterninformation zu hängen. Die Kinder sollen ihre Eltern darauf hinweisen, damit sie daran denken, dass ihr Kind an diesem Freitagvormittag zuverlässig in die Einrichtung kommt.

Julian erinnert die Gruppe an den anstehenden Besuch der Lehrerin. Sie fragt die Kinder nach Ideen, wie man Frau D. in der Kindertageseinrichtung begrüßen könne. Es werden verschiedene Vorschläge zusammengetragen: ihr ein Begrüßungslied vorsingen, einen Stuhl bereitstellen, ihr einen Kaffee bringen, einen Kuchen backen und Ähnliches. Inge protokolliert wieder alles. Als keine weiteren Vorschläge mehr kommen, wird vereinbart, welches Lied gesungen wird und wer sich um welche anderen Tätigkeiten kümmert. Eine Gruppe will Kuchen backen, zwei Kinder wollen einen Stuhl mit Kissen aus dem Büro der Leiterin besorgen. Dazu müssen sie diese noch fragen, ob sie einen solchen ausleihen dürfen. Das wollen sie direkt im Anschluss an das Projekttreffen tun. Die Kuchenbäcker wollen sich nächsten Donnerstag am Nachmittag mit Inge zusammentun. Inge will die Kinder dazu dann in ihren Gruppen abholen.

## Der weitere Ablauf des Projekts

Nach den vorgestellten Prinzipien der demokratischen Projektentwicklung verläuft der weitere Prozess über das gesamte Kindergartenjahr hinweg. Dabei wechseln sich die von den Kindern im anfänglichen Abstimmungsprozess gesammelten Aktivitäten mit den unterschiedlichen Tätigkeiten rund um die Schule ab. Dazu stehen noch einige Ereignisse aus.

## Wie kann die Projektdokumentation aussehen?

Julian und Inge protokollieren sämtliche Gespräche mit der Projektgruppe. Diese Protokolle sowie die Zeichnungen und Abstimmungsergebnisse der Kinder werden in einem extra dafür angelegten roten Ordner abgeheftet. Ein Register, das die Termine der jeweiligen Projekteinheiten ausweist, strukturiert dabei den Verlauf. Außerdem dient die Papierrolle mit den anfänglichen Abstimmungsergebnissen als roter Faden für die Planung der weiteren Projekteinheiten.

> *Die Dokumentation eines Projektes im Flur sorgt für breites Interesse am Projekt.*

An einer Dokumentationswand im Flur wird der Projektverlauf auf zwei Ebenen für Eltern, für die anderen Kinder im Haus und die Kolleginnen und Kollegen veranschaulicht. Dabei werden auf zwei übereinanderhängenden Papierbahnen mit unterschiedlichen Farben die beiden parallel laufenden Prozesse während des Projektes vorgestellt.

- Auf der oberen grünen Bahn sind Fotos, Gesprächsprotokolle und Zeichnungen der Kinder zu den Kooperationsaktivitäten mit der Schule angebracht.
- Auf der unteren roten Papierbahn hängen ähnlich gestaltete Dokumentationen zu den Exkursionen aus, die der Tradition nach während des Schulanfängerprojektes veranstaltet werden und die die Kinder sich auch in diesem Jahr gewünscht haben.

### Einrichtung und Schule kooperieren

- Eine Grundschullehrerin besucht an einem Nachmittag die Kindertageseinrichtung.
- Nachmittags besucht die gesamte Projektgruppe ein Schulgebäude, die Schulleiterin begleitet sie und erklärt alles.
- Einige Kinder aus einer ersten Klasse besuchen die Projektgruppe und erzählen von ihrem Schulalltag.
- Die Schulanfänger besuchen in mehreren Kleingruppen den Unterricht in einer ersten Klasse. Die Termine werden vorher mit der Schule vereinbart.
- Die Lehrerinnen und Lehrer, die nach den Sommerferien eine erste Klasse übernehmen, schreiben den zukünftigen Schulkindern Briefe nach Hause. In diesen stellen sie sich ihnen vor und teilen ihnen mit, dass sie sich darauf freuen, sie kennenzulernen.
- Ein Elternabend in der Grundschule, an dem die Eltern die Lehrerinnen und Lehrer der künftigen ersten Klassen kennenlernen und Informationen zur Einschulung erhalten.
- In der Turnhalle der Grundschule findet ein Spielenachmittag statt, bei dem die ersten Klassen mit den künftigen Schulanfängern (auch aus den anderen Kindertageseinrichtungen vor Ort) gemeinsame Bewegungs- und Ballspiele austragen.
- Die Schulanfänger übernachten kurz vor den Sommerferien als Abschluss ihrer Vorschulzeit in der Einrichtung.
- Am Morgen nach der Übernachtung findet mit den Eltern der Schulanfänger ein Frühstück statt, an dem anschließend die Portfolios und Mappen der Kinder überreicht werden.

*Die Schule lädt zum Probeunterricht ein – welch ein Abenteuer.*

Am Rande dieser Dokumentationswand hängt ein gelbes Plakatpapier, auf dem die aktuellen Informationen für die Eltern der Kinder zu den jeweiligen Projekteinheiten zu finden sind.

Die Eltern werden noch vor Projektbeginn in einem Brief über das Projekt und seine Zielsetzung informiert. Darin finden sie ebenso Erläuterungen, wo und wie sie sich mit den jeweiligen Aktivitäten in der Einrichtung vertraut machen können. Gibt es einen besonderen Informationsbedarf, z. B. hinsichtlich außergewöhnlicher Termine für Veranstaltungen innerhalb des Projektes, erhalten die Eltern zusätzlich gesonderte Auskünfte in Form von Elternbriefen.

Nach jeder Projekteinheit schreiben Julian und Inge im Wechsel einen kurzen Bericht über diese, den sie mit einem ausgewählten Foto der Aktion versehen. Dieses Blatt wird für alle Projektkinder fotokopiert und in deren Portfolios abgeheftet. So kann sich jedes Kind später an die einzelnen Stationen des Projektes erinnern.

Da die Planung, Durchführung und insbesondere die Dokumentation des Projekts sehr viel Zeit in Anspruch nimmt, sind Julian und Inge für das laufende Jahr von allen weiteren Projekten und besonderen Aufgaben freigestellt.

Darüber hinaus stehen die beiden den jeweiligen Gruppenleiterinnen oder -leitern der Schulanfänger für Informationen zur Verfügung, wenn diese die letzten Entwicklungsgespräche mit den Eltern vor dem Schuleintritt ausarbeiten.

## Wir schauen zurück – Projektauswertung

Die Kinder waren während des gesamten Projektes aktiv, interessiert und konzentriert bei der Sache. Das seit Jahren etablierte Programm für die Vorschulkinder in diesem Jahr als Projekt anzubieten und durchzuführen, erwies sich als sehr positiv. Die Kinder erhielten viele Mitgestaltungs- und Mitbestimmungsmöglichkeiten. Infolgedessen waren sie durchgehend sehr motiviert bei der Sache. Die Kinder machten große Entwicklungsfortschritte in ihrer Kommunikationsfähigkeit, speziell bezüglich des Einhaltens von Kommunikationsregeln in einer Gruppe (z. B. sich zu Wort melden; warten, bis man an der Reihe ist; abstimmen, moderieren, dokumentieren etc.). Zudem war ein deutlicher Zuwachs an Selbstvertrauen und Selbstbewusstsein zu beobachten. Mit Blick auf ihre Übergangssituation sorgten umfassende Informationen und greifbare Erfahrungen rund um die Schule für Sicherheit. Die Kinder gewannen an Mut, ihre Fragen zu äußern, und entwickelten zunehmend selbstständig Strategien, wie sie an die von ihnen erstrebten Informationen kommen und auftretende Probleme lösen konnten. Weil sämtliche Prozesse für die Kinder transparent waren, konnten sie Eigenverantwortung ausbilden und so in ihrer demokratischen Teilhabe gestärkt werden.

Durch das regelmäßige Treffen in der Gruppe erlebten die Kinder einen vertrauten Rahmen, innerhalb dessen sie zunehmend mehr wagten, sich einzubringen, und in dem wertvolle Freundschaften entstanden, die beim Wechsel in die Schule hilfreich sein

*Die Briefe der Lehrerin bedeuten den Kindern sehr viel.*

würden. Die beiden begleitenden Fachkräfte waren wichtige Ansprechpartner für alle Fragen, die die Kinder bezüglich des Übergangs in die Schule beschäftigten. In ihnen erlebten sie verlässliche Partner, die sie mit ihren Fragen, Ängsten, Sorgen und Freuden ernst nahmen.

Die Dokumentationen im Flur der Einrichtung erwiesen sich als sehr bedeutungsvoll für die Kinder. Immer wieder zeigten sie anderen Kindern und ihren Eltern, was sie in den jeweiligen Projekteinheiten erlebt und erfahren hatten. Dadurch konnten sie ihre Erfahrungen und ihr Wissen verfestigen. Die meisten Eltern freuten sich mit ihren Kindern, dass diese in ihrem letzten Jahr in der Kita noch einmal so wertvolle Erfahrungen sammeln und wichtige Entwicklungsschritte durchleben konnten. Das meldeten viele Eltern im Rahmen der Entwicklungsgespräche zurück.

Die Schule war anfangs eher zögerlich in ihrer Bereitschaft, sich auf Kooperationsaktivitäten mit der Kindertageseinrichtung einzulassen. Der Faktor Zeit war für viele Lehrerinnen und Lehrer problematisch. Es konnten jedoch immer machbare Lösungen gefunden werden. Insbesondere der Besuch der Lehrerin Frau D. am Anfang des Projektes bewirkte eine Perspektivenänderung aufseiten der Grundschule. Frau D. kommunizierte ihre Erfahrungen bezüglich der Fragen und Unsicherheiten der Kinder in punkto Schule an ihre Kolleginnen weiter, sodass auch im Lehrerkollegium über neue Wege nachgedacht wurde, wie man den Kindern den Übergang in die Grundschule erleichtern kann. Auf diesem Weg entstand die Entscheidung für die persönlichen Briefe der Lehrerinnen und Lehrer an die Projektkinder, die von diesen und deren Eltern sehr erfreut und stolz angenommen wurden.

*Die persönliche Kontaktaufnahme zwischen der zukünftigen Lehrerin und den angehenden Schulkindern wirkt sehr nachhaltig.*

Das Zusammentreffen der Schulanfänger aus den unterschiedlichen Einrichtungen des Einzugsgebietes unterstützte das Kennenlernen der Kinder und den Austausch des Fachpersonals untereinander.

Für Julian und Inge bedeutete dieses Projekt einen enormen Einsatz. Insbesondere die Dokumentationsarbeiten (im Flur, für den Ordner, für die Portfolios etc.) nahmen viel Zeit in Anspruch. Kinder und Eltern dankten es den beiden Erziehenden jedoch mit hoher Motivation, großem Engagement und Interesse sowie letztendlich mit einer großen Zufriedenheit über die Entwicklungsförderung und Stärkung der kindlichen Persönlichkeiten.

### Welche Vernetzungen mit anderen Bildungsbereichen lassen sich erkennen?

Neben der Erweiterung vielfältiger und umfassender emotionaler und sozialer Kompetenzen erfuhren die Kinder eine Ausweitung und Vertiefung ihrer Kommunikationsfähigkeit. Durch das Protokollieren vonseiten der Pädagogen erfuhren sie einen beständigen Bezug zur Schriftsprache. Die Dokumentationen der Kinder in Form von Zeichnungen unterstützten ihre kreative Darstellungsfähigkeit. Sie erwarben vielfältiges Sachwissen zu den ausgewählten Projektthemen und den damit einhergehenden Berufen. Dadurch, dass man sich zu den jeweiligen Aktivitäten häufig an andere Orte bewegen musste, machten die Kinder wichtige Erfahrungen im Umgang mit öffentlichen Verkehrsmitteln und gewannen mehr Sicherheit im Straßenverkehr. ◀

# Vom Streit der BaumeisterInnen

## Ein Projekt für Kinder im Alter von 6 bis 10 Jahren

Text: Edith Ostermayer | Fotos: Anja Doehring

Wettspiele eignen sich hervorragend zur Unterstützung der Geschlechtergerechtigkeit. Hier können Mädchen ebenso wie Jungen durch ihr eigenes Tun erleben, dass sie in vielen Fähigkeiten gleichwertig sind. Die Kinder gewinnen Zutrauen in ihr eigenes Können und Respekt für das der anderen. Gerade im Hort beobachten Erzieherinnen immer wieder, dass sich Jungen und Mädchen gegenseitig voneinander abgrenzen und miteinander wetteifern. Dieses Bedürfnis kann sehr gut in Projekten aufgegriffen werden, um einen respektvolleren Umgang miteinander zu fördern.

**Altersgruppe**
Kinder im Alter von
6 bis 10 Jahren

**Räumliche Voraussetzungen**
- Gruppenraum im Hort

**Materialien**
- Bausteine
- Schreibblöcke
- Stifte
- Papier in Plakatgröße
- Kamera

## Wie kam es zu dem Projekt?

Während der Sommerferien macht die Hortgruppe einer Kölner Kindertagesstätte einen Besuch im Kölner Dom. Der Dombaumeister erklärt der Gruppe einiges über die Bauweise und den Baustil, aber auch ein paar Anekdoten rund um die Konstruktionsphase des Domes. In den sich anschließenden Tagen beobachtet Karin, die in der Hortgruppe arbeitet, unterschiedliche Szenen auf dem Bauteppich, in denen die Kinder immer wieder einmal versuchen, den Kölner Dom nachzubauen. Ihr fällt auf, dass sich jeweils nur Jungen oder nur Mädchen mit den Spielsteinen beschäftigen. Die Gruppen separieren sich ganz offensichtlich überwiegend gleichgeschlechtlich. Dabei beobachtet sie auch, dass insbesondere die Jungen es ablehnen, das andere Geschlecht mitspielen zu lassen.

Die Mädchen dagegen scheinen diesbezüglich toleranter zu sein, was von den Jungen aber so gut wie nie in Anspruch genommen wird. Karin stellt außerdem fest, dass die Jungen- und Mädchengruppen jeweils unterschiedlich mit dem Spielmaterial umgehen. Die gemeinsamen Bauphasen verlaufen anders und sind zum Teil von sehr unterschiedlicher Dynamik geprägt. Auch sind die Ergebnisse der beiden Baugruppen sehr verschieden.

Karin beschließt, in der Kinderkonferenz von ihren Beobachtungen zu berichten. Sie will die Reaktionen der Kinder abwarten und deren eigene Einschätzung dieser Beobachtungen erfahren.

Einige Jungen stellen die Richtigkeit von Karins Wahrnehmung sehr stark infrage. Andere Jungen bestätigen diese: „Na klar! Wer will schon mit Mädchen bauen? Die kriegen das ja sowieso nicht hin.“ Als die Erzieherin die Mädchen fragt, wie sie das sehen, stellt sich die Situation anders dar: „Die lassen uns ja nie mitspielen! Die sind uns sowieso zu doof. Außerdem streiten die sich ja nur und geben nur an.“

Karin sagt, sie wolle gern wissen, wer recht habe und wie sich die Jungen- und Mädchengruppen tatsächlich verhalten würden. Sie entwickelt dieses Interesse vor dem pädagogischen Horizont, dass Hypothesen über das Verhalten des Gegenübers zu überprüfen sind, wenn sie immer wieder zu Streitigkeiten führen:

- Kann wirklich irgendwer mehr als jemand anderes?
- Können Jungen besser bauen als Mädchen?

Sie schlägt den Kindern vor, diese Behauptungen einmal zu überprüfen, und fragt, ob sie sich mit ihr auf ein Projekt einlassen möchten. Karin bietet an, einen Bauwettbewerb zu veranstalten, bei dem eine Jungengruppe gegen eine Mädchengruppe antreten soll.

Es melden sich sofort vier Jungen zu Wort, die es den Mädchen einmal zeigen wollen. Bei den Mädchen sind es zunächst nur drei, die sich auf ein solches Experiment einlassen möchten. Doch es ist sehr schnell klar, dass die zwei Gruppen nur unter gleichen Voraussetzungen gegeneinander antreten können. Daraufhin überredet ein Mädchen aus dem Dreiergespann eine Freundin, doch noch mitzumachen.

*Wie läuft es denn so mit den Jungen und den Mädchen?*

*Werden Jungentürme höher?*

### Welche Ziele hat das Projekt?

Karin formuliert als Arbeitsauftrag eine Frage: „Wenn Jungen und Mädchen die gleiche Menge an Steinen zum Bauen haben, kommt dann das Gleiche dabei heraus?“ Beide Gruppen sollen versuchen, den Kölner Dom nachzubauen. Karin fragt die konkurrierenden Jungen und Mädchen danach, was für ein Ergebnis am Ende herauskommen soll. Angeregt durch Karins Beobachtungen wollen die Jungen beweisen, dass sie besser bauen können als die Mädchen. Die Mädchen wollen beweisen, dass sie mindestens genauso gut bauen können wie die Jungen. Diese wollen außerdem als Erste fertig sein. Den Mädchen ist das nicht so wichtig. Karin schreibt die Zielvorstellungen der einzelnen Gruppen auf ein Blatt Papier und hängt es an die Gruppentür. Die Überschrift lautet: „Bauwettstreit“.

Karin interessiert dagegen nicht nur, ob die beiden Gruppen zu einem guten Ergebnis kommen und wer vielleicht früher mit seinem Bauwerk fertig ist. Sie findet ebenso spannend, wie der gemeinsame Bauprozess in den Gruppen vonstatten geht. Da sie diesbezüglich selbst bereits erste Erfahrungen gemacht hat und auf eigene Beobachtungen zurückgreifen kann, überlegt sie, die restliche Gruppe als Zuschauer einzubinden, die den Bauprozess beobachten sollen.

Karin bittet die restliche Kindergruppe, sich in zwei Gruppen aufzuteilen, von der jeweils eine die Mädchen beobachten soll und eine die Jungen. Die Zusammensetzung dieser beiden Gruppen steuert sie jedoch, da sie befürchtet, dass sehr schnell Geschlechterloyalitäten entstehen könnten. Sie achtet darauf, dass in jeder Zuschauergruppe Jungen und Mädchen vertreten sind.

Karin möchte durch den Einsatz der anderen Kinder als Zuschauer und Beobachter des Prozesses die Glaubwürdigkeit ihrer eigenen Beobachtungen unterstreichen. Sie möchte den Kindern der Hortgruppe verdeutlichen, dass Jungen und Mädchen ähnlich gute Leistungen vollbringen kön-

## Kompetenzen im Blickpunkt

**Ganzheitliche Förderung:**

- realistische Selbsteinschätzung
- soziale Kompetenzen: andere Kinder mitspielen lassen, sich besprechen, Absprachen treffen
- Reflexionsfähigkeit bzgl. der eigenen Haltung und des Verhaltens
- Selbstwirksamkeit und Selbstvertrauen
- Frustrationstoleranz
- Kommunikationsfähigkeit: verbal und schriftlich

**Spezielle Förderung:** Geschlechtergerechtigkeit, Bewusstheit im Umgang der Geschlechter miteinander

## Kooperation mit Eltern

**Aktives Einbeziehen:**
Vorstellen des Projekts bei einem Elternabend

**Dokumentation:**
Plakat mit Zielvorstellungen und Darstellung der verschiedenen Projektgruppen (Mannschaften und Zuschauer) sowie den Beobachtungsergebnissen und Fotos

nen. Gleichzeitig will sie ihnen aber auch vor Augen führen, dass Mädchen und Jungen zuweilen unterschiedlich an Aufgabenstellungen und deren Lösung herangehen. Ebenso ist ihr Ziel, Mädchen und Jungen zu zeigen, wo und was sie möglicherweise voneinander lernen und worin sie sich unterstützen können. Diesen Aspekt will sie in einem späteren Arbeitsauftrag aufgreifen, in welchem sich die Wettkampfgruppen mischen sollen und dann zwei gemischtgeschlechtliche Gruppen zusammenarbeiten sollen.

Mit diesem Projekt möchte Karin die sozialen Kompetenzen der Mädchen und Jungen ihrer Gruppe unterstützen. Dies betrifft das Miteinander von Mädchen und Mädchen sowie Jungen und Jungen und ebenso von Mädchen und Jungen untereinander. Darüber hinaus möchte sie einige Vorurteile gegenüber dem jeweils anderen Geschlecht abbauen. Die Kinder sollen die Abläufe mit entscheiden und gestalten können und ihre Erfahrungen in der Gruppe austauschen. Dabei ist es ihr wichtig, dass Kommunikationsregeln und Formen demokratischer Entscheidungsprozesse eingeübt werden.

### Wie sieht die Planung aus?

Was muss vorbereitet, organisiert und beschafft werden? Noch in derselben Kinderkonferenz wird über einen Termin gesprochen, zu dem der Wettstreit stattfinden soll. Da Philip, der in der Wettkampfgruppe ist, heute schon früher abgeholt wird, kann der Wettkampf nicht sofort stattfinden. Lasse fragt in der Gruppe herum, wer am kommenden Tag wie lange da sei. Da am nächsten Nachmittag Ines etwas früher gehen muss, entscheidet man sich, den Wettstreit möglichst früh, direkt nach den Hausaufgaben zu veranstalten. Schnell entwickelt sich Lasse zum Organisator des Wettstreites. Er schlägt vor, sich am nächsten Tag um 15.00 Uhr auf dem Bauteppich zu treffen. Die Zuschauer sollten sich bitte auch zu diesem Zeitpunkt dort einfinden. Karin, die Erzieherin, soll bestimmen, welches Baumaterial benutzt wird. Dieses soll dann auch zu Beginn des Wettstreites vor Ort sein. Die Gruppe der Zuschauer besteht darauf, Zuschauerplätze zu bekommen. Sie möchten Stühle haben. Die Wettstreitgruppen überlegen, ob sie auf einem Tisch oder auf dem Boden bauen möchten, und einigen sich beide gleichermaßen auf den Boden, wo mehr Platz sei.

Lasse regt noch an, auf den Zettel mit den Wettkampfzielen die gegeneinander antretenden Gruppen mit Namen ihrer Mitglieder zu notieren. Daraufhin bestehen einige aus den Zuschauergruppen darauf, auch in ihrer jeweiligen Zuteilung dort ausgewiesen zu werden. „Gleiches Recht für alle“ und „Wir sind ja schließlich auch wichtig“, wird kommentiert. Karin übernimmt diesen Auftrag. Über den zweiten Projektschritt wissen die Kinder anfangs noch nichts. Den möchte Karin erst nach Auswertung der Erfahrungen aus dem ersten Durchgang einbringen.

## Projektdurchführung

**Methoden:**
Kinderkonferenz, Mitbestimmung der Kinder, Dokumentation auf einem Plakat, Wettkampf mit Zuschauern, Beobachtungsprotokolle, Reflexion der Beobachtungen in der Kindergruppe

**Zeitablauf:**
ritualisierte Kinderkonferenz, Zeit- und Raumabsprachen mit den Kindern, Durchführen des Wettstreites, Reflexion anhand der Zuschauerbeobachtungen, zweiter Wettstreit unter veränderten Bedingungen, erneute Reflexion anhand der Zuschauerbeobachtungen

## Reflexion und weitere Initiativen

- Zielsetzungen wurden weitgehend erreicht
- Störungen durch Frustrationserlebnisse erforderten verstärkte Motivationsleistungen durch die Erzieherin

*Achtung, fertig, los!*

**Wie sieht die Umsetzung des Projektes aus?**

Am darauffolgenden Nachmittag treffen sich die Gruppen der Wettkämpfer und Zuschauer wie vereinbart um 15.00 Uhr auf dem Bauteppich. Da dieser an zwei Seiten von Schränken eingeschlossen wird, die nur begrenzt Einsicht auf den Teppich zulassen, wird sehr schnell klar, dass Platz für die Zuschauer geschaffen werden muss. Lasse regt an, die Schränke zur Seite zu räumen. Gleich helfen einige Kinder mit. Danach rücken die Zuschauer ihre Stühle in den freigeschaffenen Raum vor dem Bauplatz. Doch um zu wissen, wo welche Zuschauergruppe sitzt, muss noch geklärt werden, wo welche Gruppe auf dem Teppich baut, damit die Zuschauer unmittelbar davor sitzen können. Die Kinder klären das miteinander, ohne Karin einbeziehen zu müssen. Auch klären die Baugruppen jeweils sehr schnell und einvernehmlich, wer wo baut. Die Jungen brauchen etwas länger für ihre Entscheidung, obwohl sich die Mädchengruppe schon längst einen Stelle ausgesucht hat und damit das Ergebnis der Platzwahl eigentlich klar ist.

Karin hat zwei Kisten mit Bausteinen vorbereitet, die sie nun den beiden Gruppen bereitstellt. Sie erinnert noch einmal an den Arbeitsauftrag und fragt nach, ob alle bereit sind und ob es losgehen kann. Sie stellt sich an die Seite des Teppichs und zählt von zehn abwärts bis „Los".

Die Mädchen beginnen mit einer Besprechung. Eine übernimmt das Wort, fragt, wie man vorgehen soll und macht Vorschläge zur Arbeitsaufteilung. Es wird noch eine Weile hin und her überlegt, und Arbeitsaufträge werden noch einmal neu verteilt, wo eine nicht mit ihrem Auftrag einverstanden ist. Es schält sich eine Art Rangordnung unter den Mitgliedern der Mädchengruppe heraus. Als dies geklärt ist, arbeiten die Kinder sehr zielstrebig und helfen sich auch gegenseitig. Bei der Spitze des Domes muss noch einmal intensiver diskutiert werden, wie man diese gestalten kann. Die Mädchen befürchten, dass die Bausteine nicht mehr ausreichen. Man beschließt, lieber weniger Steine für die Turmspitze zu verbauen und diese dafür fertigzubekommen, als dass am Ende die Steine nicht reichen. Sollten welche übrig bleiben, könne man vor dem Dom noch eine kleine Mauer errichten.

In der Jungengruppe geht es etwas anders zu. Alle bauen einfach darauf los, ohne sich vorher zu besprechen. Dabei arbeitet jeder vorwiegend für sich allein. Das Gebäude stürzt ein. Es gibt Streit. Jeder will schnell fertig werden, die Jungen stacheln sich gegenseitig zur Eile an. Dabei will jeder für sich die meisten Steine, beansprucht, das größte Stück des Turmes gebaut zu haben, und buhlt um das Lob der anderen.

Als die Mädchengruppe bereits fertig ist, sind die Jungen noch mitten in der Arbeit. Sie geben einander die Schuld

> *Im Umgang mit Geschlechtsrollen muss sensibel auf vorhandene Vorurteile reagiert werden, um diese nicht zu verstärken.*

an der Verzögerung und dem Scheitern. Karin räumt ein, dass sie ruhig noch weiterbauen könnten, bis sie fertig seien. Doch zwei Jungen geben auf und steigen frustriert aus dem Vorhaben aus. Die anderen beiden bauen das Bauwerk pflichtbewusst, doch eher unmotiviert zu Ende.

Als beide Gruppen fertig sind, bittet Karin die Zuschauergruppen, sich jeweils im Hausaufgabenraum zusammenzusetzen und zu sammeln, was sie beobachtet haben. Karin gibt dafür als Anregung einige Leitfragen vor:

- Wie haben die Mädchen/die Jungen die Aufgabe umgesetzt?
- Wie sind sie an die Aufgabe herangegangen?
- Wie war es während des Bauens?
- Wie findet ihr das Ergebnis?
- Wer war schneller fertig?

Die Gruppen sollen ihre Antworten aufschreiben, damit sie sie den anderen vortragen können und nichts verlorengeht. Ines wird abgeholt, und somit sind nicht mehr alle Beteiligten da, um gleich im Anschluss die Beobachtungen auszutauschen. Karin schlägt deshalb vor, die Besprechung in die nächste Kinderkonferenz zu verlegen. Das dauert den Kindern aber zu lange, und sie vereinbaren, sich am nächsten Tag um dieselbe Uhrzeit wieder auf dem Bauteppich zu treffen. Man möchte die anderen dann mit einer Glocke zusammentrommeln. Louis übernimmt diese Aufgabe.

So geschieht es dann auch am darauffolgenden Tag. Louis geht mit der Glocke durch die Räume des Hortes und kündigt den Beobachtungsaustausch zum Wettstreit an. Die Jungen tun sich schwer und haben wenig Lust hinzuzukommen. Sie wüssten ja bereits, dass die Mädchen gewonnen hätten. Karin hat einige Mühe, sie dennoch hinzuzubitten. Sie erklärt ihnen die Perspektive der Zuschauer, die sich ja schließlich auch Mühe gemacht hätten, und dass ihr daran liege, die am Anfang getätigten Vereinbarungen einzuhalten. Murrend folgen die Jungen Karin auf den Bauteppich.

Die beiden Zuschauergruppen schildern ihre Wahrnehmung des Wettstreits, die jeweils sehr miteinander übereinstimmt. Die Jungengruppe reagiert darauf zwar etwas mürrisch, ist aber recht fügsam. Karin verweist auf die ursprüngliche These des Projekts und macht klar, dass diese nicht aufrechterhalten bleiben kann. Die Beobachtungen würden belegen, dass die Zielsetzung der Jungen nicht erreicht wurde. Sie macht aber auch

*Geht es gemeinsam besser?*

deutlich, dass sie davon überzeugt ist, dass Jungen und Mädchen beiderseits viel können und sich vielleicht sogar ergänzen.

Sie schlägt einen zweiten Versuch vor, in dem sich Jungen und Mädchen gemischt gruppieren und miteinander ein Bauwerk errichten sollen. Dabei könne man sicher sehr gut erkennen, wer was an Fähigkeiten einbringen kann. Auch hier soll es wieder Beobachter bzw. Zuschauer geben.

Die Jungen lassen sich zwar auf den zweiten Durchgang ein, lehnen zu großen Teilen jedoch Zuschauer ab. Man muss sich noch einmal neu auf deren Anwesenheit einigen. Mit dem Zugeständnis, dass die Zuschauer bewusst auch auf die Kompetenzen der Jungen achten, willigen diese in das Ansinnen ein. In dem zweiten Projektschritt entstehen dann Bauwerke, in denen sowohl die weiblichen, kommunikativ-koordinierenden Fähigkeiten wie auch die männlichen, zupackenden realisiert werden. Das Bauen verläuft recht kooperativ, es werden Absprachen getroffen, man unterstützt sich gegenseitig und mit den Ergebnissen sind alle Beteiligten zufrieden. Die Zuschauer sind sich in ihren Beobachtungen allesamt einig: Das lief viel besser als beim ersten Mal.

### Wie sieht die Projektdokumentation aus?

Das Blatt mit den Zielsetzungen für den Wettstreit und der Darstellung der Wettkampf- sowie Zuschauergruppen stellt den Einstieg in die Dokumentation dar. Dadurch wird das Projekt für alle in der Gruppe festgehalten und visualisiert. Es gewinnt so an Bedeutung. Somit ist erkennbar: Jeder in der Gruppe hat eine Aufgabe und einen Auftrag in dem Wettstreit. Die Protokolle der Zuschauergruppen aus ihrem Austausch nach den beiden Durchgängen werden neben das Plakat gehängt. Vor allen Dingen werden Fotos der beiden Bauwerke aus dem zweiten Projektschritt dazugehängt, die das gemeinsame Wirken unterstützen und zu einem solchen immer wieder motivieren sollen. Deshalb bleibt die Dokumentation auch einige Wochen lang im Gruppenraum hängen. Bei einem Elternabend wird das Projekt mit seinen Prozessen und Ergebnissen vorgestellt. Dabei bringt die Erzieherin etliche Aussagen der Kinder mit Originalzitaten ein. Die Eltern können ihre Kinder an deren Aussagen wiedererkennen und so auf sehr lebendige Weise die Lernerfahrungen, aber auch den Verlauf des Projektes nachvollziehen.

### Wir schauen zurück – Projektauswertung

Die Jungen haben sehr deutlich erfahren müssen, dass ihre Selbsteinschätzung nicht unbedingt realistisch ist und sie sich zuweilen überschätzen. Das war für viele sehr bitter und frustrierend. Sie fühlten sich in ihrer Ehre verletzt, und Karin hatte ernsthafte Bedenken, ob sie für weitere gemeinsame Aktivitäten, insbesondere für den zweiten Durchlauf, zu motivieren sein würden. Es war wichtig, dass die Jungen nicht das Gefühl bekamen, völlig inkompetent zu sein, und dass sie sich in ihrem Selbstwertgefühl nicht beeinträchtigt fühlten. Es galt jedoch, sie zu einer realistischen Einschätzung ihrer Fähigkeiten zu führen und ihnen ein Verhalten, das ihnen selbst und gemeinsamen Prozessen eher hinderlich ist, aufzuzeigen. Das ging am besten über die eigene, ganz konkrete Erfahrung.

An den Erlebnissen aus dem zweiten Durchlauf konnte Karin kooperatives Verhalten anschaulich und erlebbar machen. Die Jungen, die im ersten Projektschritt eher frustrierende Erfahrungen gemacht hatten, konnten dabei wieder eine Bestätigung und Bestärkung ihrer Kompetenzen spüren. Durch Karins sachliche Betrachtungsweise, die auf eine Bewertung der Ergebnisse verzichtete, gab sie den Kindern ein Vorbild, wie mit Misserfolgen und unangemessenem Ver-

*Wer sagt, dass Mädchen keine guten Baumeisterinnen sind?*

*Alle arbeiten an dem gemeinsamen Ziel, einen stabilen Turm zu bauen.*

halten umgegangen werden kann, nämlich trotz allem wertschätzend. Außerdem konnte Karin förderliche Bedingungen und mögliche Wege für ein gelingendes Bauvorhaben aufzeigen und anleiten: wie etwa, Absprachen zu treffen, die Stärken der Einzelnen zu nutzen und einzubinden, sich gegenseitig zu unterstützen und gemeinsam ein Ziel zu verfolgen. Diese konnten die Kinder dann in den geschlechtsgemischten Gruppen sofort selbst erfahren. Außerdem wurde deutlich, dass es nicht darauf ankommt, Junge oder Mädchen zu sein, um „gut“ bauen zu können.

Die Mädchen wurden in ihrem Selbstwertgefühl und in der Einschätzung ihrer Fähigkeiten und Möglichkeiten bestärkt. Für spätere gemeinsame Spielvorhaben mit Jungen wurde ein guter Boden bereitet: Die Mädchen würden wenig zu fürchten haben.

Nebenbei erschlossen sich den Kindern wertvolle mathematisch-statische Erfahrungen: Wie viele Bausteine brauchen wir für Mauern, wie viele für Turmspitzen? Wie halten wir unser Bauwerk im Lot?

Karin fasst zusammen, dass sie die Kinder in ihrer Autonomie, ihrer Selbsttätigkeit und Selbstwirksamkeit unterstützt hatte. Sie war jedoch überzeugt, dass sie dies in etlichen Bereichen noch intensiver hätte umsetzen können. So hätten zum Beispiel die Kinder selbst ihre Namen auf das Plakat schreiben können oder sie hätte initiieren können, dass die Gruppe einen Moderator oder Moderatorin sowie einen Protokollanten oder Protokollantin benennt. Damit hätte sie den Kindern die Möglichkeit gegeben, eigenständig die Gruppendynamik zu steuern. Ebenso hätte sie das Startsignal für den Bauwettstreit an ein Kind delegieren können.

Die Eltern waren beeindruckt, wie tiefgreifend das Thema der Geschlechterunterschiede den Hortalltag beeinflusst. Manche haben begonnen, ihr eigenes Klischeedenken, aber auch ihr eigenes Vorbild diesbezüglich zu hinterfragen. Auf dem Bauteppich tauchte das Thema „Mit Mädchen spielen wir doch nicht“ jedenfalls in dieser Zusammensetzung der Hortgruppe nie mehr auf.

### Welche Vernetzungen mit anderen Bildungsbereichen lassen sich erkennen?

Die Kinder der Wettkampfmannschaften konnten wichtige Erfahrungen in den Bereichen Mathematik und Physik sammeln. Im Wettstreit kam es darauf an, eine begrenzte Menge von Bausteinen sinnvoll einzuteilen, damit sie für das Gesamtwerk ausreichen. Es ging darum, die Steine so zu positionieren und auszubalancieren, dass sie aufeinander stehenblieben. Außerdem mussten Gesetze der Statik erprobt werden, damit das Bauwerk einen hinreichend festen Stand erhielt.

Die Kinder wurden in ihren kommunikativen Kompetenzen gefördert. Sie mussten sich in den gemeinsamen Gesprächen und Kinderkonferenzen zu Wort melden und aktiv einbringen. Ebenso wurden verschiedene Aspekte innerhalb des Projektes schriftlich festgehalten – auf dem Plakat, oder in den Aufzeichnungen der Zuschauergruppen. Somit wurden die Kinder stellenweise auch in ihrer Schriftsprache gefordert. ◀

# Literaturtipps

Edith Ostermayer
**Bildung durch Beziehung**
Wie Erzieherinnen den Entwicklungs- und Lernprozess von Kindern fördern.
160 Seiten. Herder, Freiburg/Basel/Wien 2006

Kein Bildungsplan formuliert die Bedeutung der Beziehung zwischen Kind und Erzieherin im Hinblick auf das kindliche Lernen deutlich genug. Dabei beruhen sämtliche Basiskompetenzen bzw. Schlüsselqualifikationen auf einer ausgewogenen, tragfähigen und authentischen Beziehung zwischen Kind und Erziehendem. Dieses Buch zeigt das aktuelle Verständnis von Bildung und Entwicklung. Es beschreibt wichtige Basiskompetenzen, Voraussetzung für die Fähigkeit zur Resilienz und zur Übergangsbewältigung sowie zur Bildungs- und Erziehungspartnerschaft. Es betont, wie hoch die Ansprüche an die Persönlichkeit und Fachkompetenz der Fachkräfte sind. Im Anhang werden 10 Prinzipien lebendigen Lernens mit jeweils einem Praxisbeispiel vorgestellt. Ein ideales Buch zur konzeptionellen Arbeit im Team und zur fachlichen Weiterentwicklung von Erzieherinnen und Erziehern.

Hedi Friedrich
**Beziehungen zu Kindern gestalten**
196 Seiten. Cornelsen Verlag Scriptor, Berlin 3. Aufl. 2008

Kinder verbringen einen großen Teil ihrer Zeit in pädagogischen Einrichtungen; Erzieherinnen und Erzieher gewinnen in ihrem Leben zunehmend an Bedeutung. Doch wie gelingt eine gute Beziehung zueinander, und wie kann sie verändert und neu gestaltet werden? Dazu finden sich in diesem Buch vielfache Beispiele und Anregungen für den pädagogischen Alltag mit Kindern. Ein ideales Praxisbuch für alle Erzieherinnen und Erzieher, die ihre Beziehungen zu Kindern selbst aktiv gestalten und nicht dem Zufall überlassen wollen.

Charmaine Liebertz
**Pädagogische Schatzbriefe**
Spielekartei zum ganzheitlichen Lernen: Gefühle und Rituale.
50 Karteikarten in kartoniertem Briefumschlag, Format: DIN A6. Don Bosco, München

Die Spielekartei „Gefühle und Rituale“ ist eine Sammlung von Spielen und Handlungsansätzen für den pädagogischen Alltag in einer insgesamt fünfteiligen Reihe. Dort finden sich Hinweise auf Kompetenzen, Alter, Zeit und Material. Das praktische Kartenformat ermöglicht eine einfache und gezielte Handhabung. Ein unentbehrlicher Fundus für den pädagogischen Alltag, ob zu Hause, in der Kita oder in der Grundschule!

Charmaine Liebertz
**Das Schatzbuch der Herzensbildung**
Grundlagen, Methoden und Spiele zur Emotionalen Intelligenz.
200 Seiten. Don Bosco, München
3. Auflage 2007

Über viele Jahre hinweg hat die Pädagogik die emotionale Entwicklung der Kinder dem Zufall überlassen. „Bildung ohne Herzensbildung ist keine Bildung!“, betont Bundespräsident Horst Köhler. Wissen und Werte, Denken und Fühlen, Lachen und Lernen gehören zusammen. Dr. Charmaine Liebertz meint: „Wir brauchen im 21. Jahrhundert verantwortungsbewusste und emotional intelligente Kinder.“ Das Buch beginnt mit einer kleinen Reise durch die Kulturgeschichte der Gefühle, erläutert die aktuellen Erkenntnisse der neurologischen Emotionsforschung, die fünf Bausteine der emotionalen Intelligenz und präsentiert über 70 Spiele für Kindergarten, Schule und Elternhaus.

Emmi Pikler, Anne Tardos u.a.
**Miteinander vertraut werden**
Wie wir mit Babys und kleinen Kindern gut umgehen – ein Ratgeber für junge Eltern.
139 Seiten. Herder, Freiburg/Basel/Wien
9. Auflage 2009

Wenn Eltern ihren Kindern den Raum geben, sich zu entwickeln, kann Vertrauen wachsen und Geborgenheit entstehen. Respektvoll mit den Kleinen umgehen, ihre Signale verstehen und darauf reagieren – das macht Kinder zufriedener, und Eltern haben weniger Stress. Dieses Buch ist ein konkreter Ratgeber für junge Eltern, aber auch für Erzieherinnen und Tagespflegeeltern für einen liebevollen und sensiblen Umgangsstil mit Kleinkindern.

Karl Gebauer, Gerald Hüther
**Kinder brauchen Wurzeln**
Neue Perspektiven für eine gelingende Entwicklung.
214 Seiten. Walter, Düsseldorf 2001

„Die Wurzeln, mit denen sich Kinder fest im Erdreich verankern und ihre Nährstoffe aufnehmen, sind sichere emotionale Beziehungen zu denjenigen Menschen, bei denen sie aufwachsen. Wenn sich diese sicheren Bindungen nicht entwickeln können, bleiben auch ihre Äste,

Blätter und Früchte nur eine Kümmerversion dessen, was daraus hätte werden können“, beschreiben die Autoren bildlich. Diese Buch gibt Erklärungen für auffälliges Verhalten, Lernprobleme und viele psychische Störungen bei Kindern und Jugendlichen. Erfreulicherweise zeigt es auch wertvolle Lösungswege auf.

John Bowlby
**Bindung als sichere Basis**
Grundlagen und Anwendung der Bindungstheorie
149 Seiten. Ernst Reinhardt, München 2008

Die sichere Bindung an die Eltern ist die Basis, von der aus Kinder die Welt erkunden und sich entwickeln. Misslingt sie, können sich Eifersucht, Angst, Wut, Kummer oder Niedergeschlagenheit festigen und Menschen ein Leben lang belasten. John Bowlby schildert in diesem Buch Anfänge, Grundkonzepte und empirische Prüfung der Bindungstheorie. Er zeigt, wie sich seine Erkenntnisse in der Psychotherapie anwenden lassen: Die Aufarbeitung früher Bindungserfahrungen im Erwachsenenalter hilft bei der Bewältigung schwieriger Lebenssituationen und psychischer Probleme. Der Psychotherapeut übernimmt dann die Rolle der verlässlichen Basis für die Erkundung früherer Erfahrungen und Gefühle. Eltern erkennen, wie ihre eigene Bindungsgeschichte ihr Erziehungsverhalten gegenüber ihren Kindern prägt – damit leidvolle Bindungsbeziehungen nicht über Generationen weitergegeben werden. Dieses Buch ist ein Muss für alle, die sich von fachwissenschaftlicher Seite mit den Bindungstheorien auseinandersetzen möchten.

Corinna Wustmann
**Resilienz**
Widerstandsfähigkeit von Kindern in Tageseinrichtungen fördern
172 Seiten. Beltz, Weinheim/Basel 2004

Dieses Buch informiert umfassend über den gegenwärtigen Stand der Resilienzforschung. Angefangen von der Begriffsdefinition und einem Einblick in die Entwicklung des Resilienzkonzeptes, über eine Auswahl wichtiger Resilienzmodelle, bis zur Bedeutung des aktuellen Erkenntnisstandes für die moderne Pädagogik und Sozialarbeit, überzeugt dieses Buch mit seinen fachlichen Inhalten und einem klaren Aufbau. Der Transfer in die tägliche Praxis gelingt der Autorin mittels interessanter Hinweise, handfester Anregungen und hilfreicher Verweise auf bestehende, evaluierte Programme in überzeugender Weise. Ein fundiertes Informations- und Arbeitsbuch.

Armin Krenz
**Werteentwicklung in der frühkindlichen Bildung und Erziehung**
175 Seiten. Cornelsen Verlag Scriptor, Berlin 2007

Welche Werte prägen unsere Gesellschaft? Und wie können wir sie unseren Kindern vermitteln, wie sie zukunftsfähig machen? Auf diese Fragen geht Armin Krenz ausführlich ein – stets mit Blick auf die Praxis und die Anforderungen der verschiedenen Bildungs- und Erziehungspläne. Ausgangspunkt ist dabei immer der Mensch, sei es das Kind mit seinen Bedürfnissen oder der Erwachsene, der durch seine Persönlichkeit die Erziehung des Kindes prägt. Entsprechend wendet sich das Buch an alle, die sich auf persönlicher Ebene mit dem Thema Werte auseinandersetzen möchten, insbesondere aber an Erzieher/innen mit Denkanstößen für eine Neuorientierung im Berufsalltag und mit Impulsen für ein werteorientiertes Miteinander. Wer sich mit der Erziehung von Kindern beschäftigt, kommt an diesem Buch nicht vorbei.

Gerd E. Schäfer (Hrsg.)
**Bildung beginnt mit der Geburt**
Cornelsen Verlag Scriptor, Berlin
2. Auflage 2007

Kinder unter sechs Jahren lernen anders als ältere Kinder. Doch warum ist das so, und worin unterscheiden sich die Denk- und Lernweisen? Die Entwicklung des Gehirns in den ersten Lebensjahren ist weitestgehend erforscht. Die heutigen Konzepte frühkindlicher Bildung müssen auf diese Erkenntnisse abgestimmt und alle Möglichkeiten zur Förderung frühkindlicher Bildungsprozesse ausgeschöpft werden. Der Frühpädagoge Gerd E. Schäfer hat ein neues Konzept frühkindlicher Bildung, das die aktuellen Forschungsergebnisse berücksichtigt und als curriculare Grundlage im Kindergarten genutzt werden kann. Viele Praxisbeispiele aus Deutschland und anderen europäischen Ländern dokumentieren den Erfolg des Konzeptes.

# Adressen & Links

### Gesellschaft für Ganzheitliches Lernen e.V.

*www.ganzheitlichlernen.de*

Kinder lernen am besten, wenn sie mit all ihren Sinnen und Gefühlen gefördert werden: wenn sie mit Kopf, Herz und Hand die Welt begreifen. Dies belegen zahlreiche Studien aus der Hirn- und Lernforschung. Ganzheitliches Lernen bewusst zu fördern ist heute, in unserer schnelllebigen und von Medien geprägten Zeit, wichtiger denn je.

Die Gesellschaft für Ganzheitliches Lernen ist ein gemeinnütziger Verein unter der Leitung von Frau Dr. Charmaine Liebertz und besteht aus vielen engagierten Fachleuten aus Pädagogik, Psychologie, Biologie und Medizin. Sie hat ein ganzheitliches Erziehungs- und Lernkonzept entwickelt und informiert über die neuen wissenschaftlichen Erkenntnisse aus der Hirnforschung und Neurodidaktik. Ihr Anliegen ist es, den Dialog zwischen Eltern, Pädagogen und Therapeuten zu fördern und pädagogische Prävention zu leisten. Die Gesellschaft entwickelt ganzheitliche Lernspiele für Kindergärten und Schulen. Sie berät Einrichtungen bei der Formulierung von Konzeption und Bildungsansatz.

Auf der Website finden sich u.a. Lehrgänge, Fachtagungen und Seminare, an denen Lehrer, Erzieher, Therapeuten, Eltern und alle, die am Thema Lernentwicklung interessiert sind, teilnehmen können. Darüber hinaus liefert sie Literaturempfehlungen.

### Dialog Reggio

*www.dialogreggio.de*

Dialog Reggio ist eine Vereinigung zur Förderung der Reggio-Pädagogik in Deutschland e.V.: Der Begriff Reggio-Pädagogik geht auf die Konzeption und Praxis der kommunalen Kindertagesstätte in Reggio Emilia (Italien) zurück. Sie zählt weltweit zu den ambitioniertesten elementarpädagogischen Einrichtungen, bereits 1991 wurde das Konzept als bester Ansatz für die Arbeit in Kindertageseinrichtungen ausgezeichnet. Bekanntester Vertreter der Reggio-Pädagogik ist Loris Malaguzzi, er verstarb 1994. Von ihm stammt das allseits bekannte Gedicht „die hundert Sprachen des Kindes“. Reggio-Pädagogik ist optimistisch: Sie geht davon aus, dass das Kind mit seiner Energie, seiner Wissbegierde und seiner Kreativität Schöpfer seiner eigenen Entwicklung, Konstrukteur seiner persönlichen Wirklichkeit ist. Wahrnehmungs- und Ausdruckserziehung sind deshalb ein zentrales pädagogisches Anliegen. Die Kunsterzieherin, die zum Personal jeder Einrichtung gehört, und das Atelier wie auch die Gestaltung der Räume spielen dabei eine wichtige Rolle. Die Themen der Projekte gehen von alltäglichen Erfahrungen der Kinder aus. Der Austausch der Kinder untereinander und die Ergebnisse ihres Forschens werden dabei nicht nur gefördert, sondern auch in Wort und Bild dokumentiert. Auf der Website von Dialog Reggio werden viele Fragen beantwortet, wie z. B.: „Wo gibt es einen Reggio-Kindergarten? Was macht eigentlich einen Reggio-Kindergarten aus? Wer darf sich Reggio-Kindergarten nennen? Was ist eine Reggio-Kita?“ Der Verein stellt dort auch Kriterien für eine Akkreditierung zur reggio-orientierten Einrichtung vor.

Darüber hinaus liefert die Site Informationen zu regionalen Kontakten und über Aktuelles zur Reggio-Pädagogik in Deutschland und international. Dazu gehören Weiterbildungsangebote und Studienreisen zu den kommunalen Kindertageseinrichtungen von Reggio Emilia.

### Pikler-Gesellschaft Berlin e.V.

*www.pikler.de*

Die Pikler® Gesellschaft Berlin e. V., Verein für Kindesentwicklung, fördert die Erkenntnisse der pädagogischen Arbeit und Forschungstätigkeit der ungarischen Kinderärztin Dr. Emmi Pikler (1902-1984). Der Name Pikler steht für eine achtsame Haltung dem Kind gegenüber vom ersten Lebenstag an. Die ungarische Kinderärztin legte Wert darauf, die Besonderheiten eines jeden Kindes zu berücksichtigen und im Umgang mit ihm seine Persönlichkeit zu wahren. Ebenso respektierte sie das Bedürfnis der Kinder, sich geistig und körperlich in ihrem Zeitmaß und ihren Interessen entsprechend zu entwickeln.

Die Pikler® Gesellschaft wurde mit der Absicht gegründet, diesen pädagogisch respektvollen Umgang besonders entwicklungsverzögerten und behinderten Kindern zugute kommen zu lassen. Seit vielen Jahren arbeitet sie an therapeutischen und integrativen Ansätzen, die das Kind als Akteur seiner Entwicklung anerkennen. Dazu gehört die genaue Kenntnis der Stärken und Schwächen, Besonderheiten und Schwierigkeiten eines Kindes. Ebenso berücksichtigen sie Therapieformen, die die Unterstützung der kindlichen Kompetenzen in den Mittelpunkt rücken. Hierzu gehören auch Hilfen zur Integration in KiTa und Schule.

Die Gesellschaft bietet Vorträge, Seminare, Gruppen für Kinder und Beratung für Eltern an. Sie veröffentlicht in unregelmäßigen Abständen eine Schriftenreihe zu pädagogischen Fragen der kindlichen Entwicklung in enger Zusammenarbeit mit dem Pikler-Institut in Budapest. Informationen dazu finden sich auf der Website der Pikler-Gesellschaft Berlin e.V..

### Verband „Anwalt des Kindes“

*www.v-a-k.de*

Dieser Verband ist vor über 20 Jahren von Hans-Christian Prestien gegründet worden und hat sich einzig und allein zur Aufgabe gemacht, sich um das Wohl des Kindes zu kümmern. Der VAK hat sich auf einen ganz besonderen Aspekt konzentriert, nämlich „Anwalt des Kindes“ zu sein. Und zwar für die Kinder, die in irgendeiner Form einen Rechtsbeistand benötigen. Der VAK versteht sich durchaus als „Lobby“. Als Lobby für Kinder. Damit Kinder in der Gesellschaft auch das Recht bekommen, welches ihnen, teilweise schon jetzt, zusteht – im Familienrecht, Scheidungsrecht, Sorgerecht, Umgangsrecht.

Als Bundesverband beschäftigt sich der VAK nicht nur mit Gesetzes-Initiativen. Er bildet auch fort, und zwar Menschen, die Verfahrenspfleger werden möchten, um die Rechte der Kinder vor Gericht als Verfahrenspfleger zu vertreten. Das Spektrum der „Vorbildung“ ist dabei durchaus sehr breit gefächert. Zum Beispiel eignen sich Berufe, die von ihrer Ausprägung her diese Tätigkeit fachlich unterstützen wie: Rechtsanwälte, aber auch Sozialarbeiter, Pädagogen, Psychologen oder Erzieher. Es können sich aber auch ganz andere Menschen, die sich als Anwalt des Kindes verstehen, und mit entsprechenden anderen Vorkenntnissen, Lebenserfahrungen und Engagements, mit einer Fortbildung zusätzlich qualifizieren.
Der Verband möchte insbesondere ein Anliegen unterstützen: Kinder sollen sich selbst als das sehen und fühlen, was sie sind: einzigartig.

Auf der Website des Verbandes finden sich neben Urteilen auch Hinweise auf Publikationen und Initiativen innerhalb Deutschlands sowie umfassende Informationen für Eltern und Kinder.

### Deutsche Liga für das Kind

*www.liga-kind.de*

Die Deutsche Liga für das Kind ist ein bundesweit tätiges, interdisziplinäres Netzwerk zahlreicher Verbände und Organisationen aus dem Bereich der frühen Kindheit (null bis sechs Jahre). Zu den mehr als 250 Mitgliedsorganisationen gehören wissenschaftliche Gesellschaften, kinderärztliche und psychologische Vereinigungen, Familien- und Jugendhilfeverbände und zahlreiche Service-Clubs.

Ziel der Liga ist es, die seelische Gesundheit von Kindern zu fördern und ihre Rechte und Entwicklungschancen in allen Lebensbereichen zu verbessern. Die Liga gibt u.a. die Zeitschrift „Frühe Kindheit“ heraus. Außerdem hat sie ein Präventionsprogramm zur Stärkung der kindlichen Persönlichkeit entwickelt: „Kindergarten Plus“.
Ein Blick auf die Website lohnt sich und liefert wertvolle Informationen und Tipps.

### socialnet

*www.socialnet.de*

socialnet bietet vielfältige Fachinformationen für Sozialwirtschaft und Nonprofit-Management an. Das Angebot richtet sich an Fach- und Führungskräfte z. B. in den Bereichen Altenhilfe, Jugendhilfe, Behindertenhilfe, Gefährdetenhilfe, Gesundheitswesen, Sozialarbeit und Pflege. Die Site liefert täglich neue Rezensionen aus den Bereichen Soziale Arbeit, Pflege und Sozialwirtschaft. Experten aus Hochschule und Praxis verhelfen zu einem Überblick über die fachliche Entwicklung. Alle ein bis zwei Monate veröffentlicht socialnet Originalbeiträge oder Aufsätze aus Zeitschriften und Handbüchern. Die Materialien erscheinen in den Rubriken Sozialwirtschaft, Gesetze, Soziale Arbeit und Sozialpolitik, Internet und EDV für Nonprofit-Organisationen. Außerdem bietet die Site verschiedene Portale und Dienstleistungen an.

### Kindergartenpädagogik

*www.kindergartenpaedagogik.de*

Auf der Website unter der Herausgeberschaft von Dr. Martin Textor kann man Fachbeiträge zu fast allen Fragen der Frühpädagogik finden. Durch Anklicken der Rubriken und später der Buttons sind über tausend Online-Fachartikel und ebenso viele Kurztexte über relevante Bücher aufzurufen und bei Bedarf auszudrucken. Ferner kann man sich über preisgekrönte bzw. von Institutionen empfohlene Bilderbücher, Spiele, CDs und Computerspiele informieren. Fachkräfte und Experten sind herzlich eingeladen, Fachartikel, Rezensionen, Berichte über Projekte oder Wochenplaneinheiten und andere Praxisbeiträge in das Online-Handbuch einzustellen. Auch bereits veröffentlichte Texte werden akzeptiert, wenn die Autor/-innen die Genehmigung des Verlages eingeholt haben.

## Über die Autorin

**Edith Ostermayer** ist ausgebildete Erzieherin und wissenschaftliche Mitarbeiterin am Institut für Lehrerfort- und Weiterbildung in Mainz. Sie arbeitet auch als freiberufliche Fortbildnerin und hat pädagogische Fachbücher geschrieben. Ihre Fortbildungen umfassen die Themenschwerpunkte Entwicklungspsychologie, Bildung durch Beziehung, Krippenpädagogik, Projektarbeit mit Kindern, Reggio-Pädagogik und Konzeptentwicklung.

**Kontakt:**
www.edith-ostermayer.de

## Über die mitwirkenden Einrichtungen

### Kinderhaus Kastanienwichtel

Die Einrichtung ist in einem gemütlichen alten Fachwerkhaus untergebracht und liegt idyllisch im Herzen von Heidesheim. Hier werden 60 Kinder im Alter zwischen null und sechs Jahren von sieben pädagogischen Fachkräften und ggf. Praktikanten betreut. Die Schwerpunkte der pädagogischen Arbeit beruhen auf der Reggio-Pädagogik, wobei Montessori-Material einbezogen wird, sowie auf den pädagogischen Ideen Maria Montessoris. Besuch und Hospitationen in der Einrichtung sind jederzeit möglich.

Dem Team und der Leitung der Einrichtung, die freundlich und kollegial für den Erfahrungsaustausch über ihre Projektarbeit sowie für das Bereitstellen von Bildmaterial zur Verfügung standen, sei herzlich gedankt.

**Kontakt:**
Kinderhaus Kastanienwichtel
Frauenlobstr. 3
55262 Heidesheim
Leitung: Gabriele Burgdorf
Telefon: 06132/59756
E-Mail: info@kastanienwichtel.de

### Kindertagesstätte Spielkiste e.V.

Die Einrichtung ist seit 2008 als erste Einrichtung in Rheinland-Pfalz als „reggio-orientierte Kindertageseinrichtung“ zertifiziert. Sie gibt als Modelleinrichtung der Landeshauptstadt Mainz ein Beispiel für gelungene pädagogische Arbeit. Es gibt 25 Ganztagsplätze für Kinder im Alter zwischen drei und sechs Jahren. Projektarbeit ist einer der Schwerpunkte der Arbeit. Besuche und Hospitationen sind jederzeit möglich.

Team und Leitung standen freundlich und kollegial für den Erfahrungsaustausch über ihre Projektarbeit zur Verfügung. Vielen Dank an Gaby Dobbelfeld für ihre schönen Fotos.

**Kontakt:**
Kindertagesstätte „Spielkiste“ e.V.
An der Kirchenpforte 5
55128 Mainz
Leitung: Sven Detering
Telefon: 06131/369615
E-Mail: team@kitaspielkiste.com
Internet: www.kitaspielkiste.com

Die Namen aller Personen, die in den Praxisbeispielen dieses Buches genannt werden, sind anonymisiert bzw. verändert. Auch die Fotos zeigen nicht das Abbild der beschriebenen Kinder und Erwachsenen.